A BASIC TEXTBOOK OF JAPANESE MANNERS & ETIQUETTE

イラストでわかる
礼儀作法
基本テキスト

小笠原 敬承斎 著

Keishosai Ogasawara

日本能率協会マネジメントセンター

はじめに

　エレベーターを降りるさいに操作盤の前で「開」のボタンを押してくださった方へ、あるいは、歩行中に道を横断するさいに止まってくださった車を運転している方へ、いったいどのくらいの割合の人が感謝の気持ちを相手に伝えているでしょうか。

　「ありがとう」の気持ちはあるのだけれど、急いでいるので目礼（目で会釈すること）すらできないというのは、理由にはなりません。たとえ時間にゆとりがなかったとしても、数秒間のお礼を伝えられない人に円滑な社会生活は営めないはずです。

　また、自国の文化に対して理解をし、誇りをもっている人が減少傾向にあるのは誠に残念なことです。海外には日本にない素晴らしい文化が多くありますが、自国の文化に興味をもたず、他国の文化だけを取り入れようとすることには無理があります。

　国際社会のなかにおいて、語学が堪能なだけで十分活躍できるとはいえません。日本人として、自己を慎む気持ちと相手や周囲の人々に対する思いやりを忘れずに自分の意思をしっかりと伝えられる人こそ、国際人と呼ばれるにふさわしい人なのではないかと思います。

　さて、日本の礼儀作法に対して、海外諸国にもマナーやエチケットというものがあります。それらすべてに共通することは、「理由が存在する」ということ。たとえば、食事のマナーは、ただ堅苦しい決まりごとだけが並べられているわけではありません。マナーの理由を理解することによって、そのマナーを身につけることができます。また、マニュアルは、活用されて初めてその存在価値があるものであり、そのマニュアルを応用するのは個々の判断に委ねられています。

　読者の皆様が本書にある知識を身につけられ、さらにそれらを活用なさることによって、今まで以上に円滑な人間関係を育まれることをこころより願っております。

　　　2009年6月

　　　　　　　　　　　　　　　　　　　　　　小笠原　敬承斎

はじめに……3

序章　小笠原流礼法とは……8

第1章　日本の礼儀作法を理解しましょう

1　礼儀作法について考えましょう……12
2　日本の文化を学びましょう……14
3　縁起を担ぐとはどんなことでしょうか……16
理解度チェック……18
column〈礼の省略〉……20

第2章　正しい身のこなしを覚えましょう

1　正しい姿勢で立っていますか……22
2　座り姿も美しく……24
3　立礼について考えましょう……26
4　よい姿勢で歩きましょう……28
5　和室での立ち居振る舞いを身につけましょう……30
理解度チェック……32
column〈3種類の立礼〉……34

第3章　美しいことば遣いを身につけましょう

1　会話について考えましょう……36
2　敬語について考えましょう……38
3　状況に応じたことばで気持ちを伝えましょう……40
理解度チェック……42
column〈挨拶のことば〉……44

第4章　電話・手紙の作法を身につけましょう

1　電話のかけ方の基本を身につけましょう……46
2　電話の受け方の基本を身につけましょう……48
3　手紙を出すときの形式について考えましょう……50

- 4 手紙の書き方の基本を身につけましょう……52
- 5 お礼状の書き方を身につけましょう……54
- 6 おわび状の書き方を身につけましょう……56
- 7 好ましい年賀状について考えましょう……58

理解度チェック……60

column〈電子メールで必要な配慮〉……62

第5章 食事の作法を身につけましょう

- 1 日本料理の基本を学びましょう……64
- 2 日本料理の基本マナーを身につけましょう……66
- 3 正しい箸(はし)の使い方を身につけましょう……68
- 4 西洋料理の基本マナーを身につけましょう……70
- 5 西洋料理のマナーを身につけましょう……72
- 6 アルコール類に関する心得を学びましょう……74
- 7 立食パーティーでの振る舞いを身につけましょう……76

理解度チェック……78

column〈中華料理の基本マナー〉……80

第6章 訪問・招待の心得を学びましょう

- 1 自宅に招待されたときについて考えましょう……82
- 2 訪問時のおみやげの選び方を考えましょう……84
- 3 玄関での心得を身につけましょう……86
- 4 どの席に座りますか……88
- 5 おみやげはいつどのように差し上げますか……90
- 6 茶菓(さか)の差し上げ方は？ いただき方は？……92
- 7 自宅に招待するときについて考えましょう……94

理解度チェック……96

column〈席次の基本的な心得〉……98

第7章 冠婚葬祭について学びましょう

- 1 13歳までの人生儀礼を学びましょう……100
- 2 成人してからの人生儀礼を学びましょう……102
- 3 結婚披露宴の心得を身につけましょう……104

4 通夜・葬儀・告別式について学びましょう……106
5 通夜・葬儀・告別式での振る舞いを身につけましょう……108
6 慶弔の挨拶で慎むべきことは何でしょうか……110

理解度チェック……112

column〈受付・案内役の心得〉……114

第8章 年中行事について学びましょう

1 正月のしきたりを学びましょう……116
2 五節供のしきたりを学びましょう……118
3 五節供以外の年中行事を学びましょう……120

理解度チェック……122

column〈五節供の意味と大晦日の行事〉……124

第9章 基本的な見舞い・贈答の心得を学びましょう

1 病気・けがの見舞いについて考えましょう……126
2 見舞いの心得を学びましょう……128
3 季節の贈答品の基本を学びましょう……130

理解度チェック……132

column〈表書きの例〉……134

第10章 服装の心得を学びましょう

1 ビジネスシーンでの身だしなみを学びましょう……136
2 和装の基本を身につけましょう……138
3 男性の洋装の基本を身につけましょう……140
4 女性の洋装の基本を身につけましょう……142

理解度チェック……144

column〈アクセサリー・化粧・香り〉……146

付録
1 手紙の文書例……148
2 金子包み(祝儀袋・不祝儀袋)……149

序章 小笠原流礼法とは

本書では、室町時代から続く日本人としての知識や振る舞いを、小笠原流の教えをもとに解説します。
序章では、まず、小笠原流について紹介します。

小笠原流の始まり

　初代小笠原長清(ながきよ)は、鎌倉時代に源頼朝(みなもとのよりとも)に仕えていたといわれ、清和源氏(せいわげんじ)の流れを汲んでいます。

　さらに、室町時代、長清から7世後、小笠原流礼法中興の祖とされる貞宗(さだむね)は、後醍醐(ごだいご)天皇より「小笠原は日本武士の定式たるべし」との評価とともに、家紋として「王」の字を賜りました。

　しかし、「王」の字をそのまま用いることを控え、それを象徴する三階菱(さんがいびし)を家紋とし、現在に至っています。

　小笠原流には、室町期からの伝書が多く残されており、現在の指導は、伝書に基づいて行われています。

【伝書】
　家に代々伝わる奥義(おうぎ)などを記した書物のことです。

小笠原流の伝書

　伝書を基にすると聞くと、古くて堅苦しいのではないかと思われがちですが、礼法の真髄(しんずい)は、いつの時代も普遍的です。また、伝書の存在があるからこそ、先人たちの残したこころを理解し、継承することができるのです。そこで、小笠原流の伝書についても簡単にご説明いたしましょう。

　たとえば、伝書の代表的なものの1つである『三議一統(さんぎいっとう)』は、武士の一般教養のためのものといわれ、供奉、食事、宮仕えの応対の仕方、書状の様式、蹴鞠(けまり)の仕方などについても説かれています。この『三議一統』が、後世「小笠原といえば礼法」といわれる基盤をつくったと考えられています。この伝書は、足(あし)

利三代将軍義満の命により、貞宗より4世後の長秀が、今川氏、伊勢氏とともに編纂しました。

その後、長秀より8世後の長時は、武田氏との合戦に敗れ、信濃の地を追われました。長時の子貞慶は、小笠原再興に奔走し、『三議一統』に、今川・伊勢両家に伝わる故実を組み入れた小笠原流礼法を整えることに努めました。貞慶が子の秀政に伝授したのが、『小笠原礼書七冊』です。この伝書は、武家の質朴な礼の本義というべき性格を示しています。

小笠原流の広がり

江戸時代、秀政は、徳川譜代大名として信濃松本藩主に、秀政の子忠真は備前小倉藩主に登用され、幕政に携わりました。

このころの小笠原流は、幕府の公式の礼法であるため、将軍家以外に秘伝や奥義を明かすことが禁じられた「お止め流」とされ、一子相伝のもと、一般に教授されることはありませんでした。

ところが、小笠原流を「格式のある礼法」として学びたいという声が町人階級から高まったことにより、礼法の本質を理解していない人々によって、教授が行われ始めてしまったのです。この流れは、明治期にも変わらず、女学校の作法教育に取り入れられました。しかしながら、礼法の真髄を知らないまま、主にかたちばかりを重んじたものが流布したため、礼法が堅苦しいものという誤解を生んでしまいました。

さらに、第二次世界大戦後は、礼法教育を行うことが難しくなり、戦後の風潮のなかで、日本人がもっていたはずの「相手を大切にするこころ」が薄れ始めました。

現代の小笠原流

先代宗家である小笠原忠統は、このような日本の状況を憂いて、真の礼法を一人でも多くの人に理解してほしいという願いを抱きました。そして、一子相伝の封印を解き、一般への教授を始め、生涯にわたって礼法の普及活動に努めました。

【一子相伝】
学術や技芸などの秘伝や奥義を自分の子の中の一人のみに伝え、他にはもらさないことをいいます。

【小笠原忠統】
小笠原惣領家32世主、元伯爵。東京大学文学部卒業。長野県松本市立図書館長、相模女子大教授などを歴任、平成8年5月没。

真の礼法とは、「相手を大切に思うこころ」が、すべてのかたちの根底に存在するということです。かたちばかりが美しくても、そこにこころが存在しなければ、その美しさにはかぎりがあります。しかしながら、こころは行動やことばに表さないと、相手には伝わりにくいものです。そこで、だれもがその行動やことばなどに対して不快感を抱くことのない基準を身につけること、つまり、作法を身につけることが大切です。

　基本的な作法を理解し、身につけ、さらに応用できるように努めることが、社会人としてもつべき心得です。そのこころがけは、内面をも成長させるきっかけをつくることでしょう。

第1章

日本の礼儀作法を理解しましょう

1 │ 礼儀作法について考えましょう

Q1 礼儀作法で大切なこととは何でしょうか。
（○×で答えましょう。）※解答は別冊 P.2

1. 時、場所、状況に応じた、臨機応変な振る舞いが大切である。
2. 礼儀作法を知らない人が同席した場合には、身につけている作法を可能なかぎり1つでも多く実践し、お手本になることを忘れてはならない。
3. 状況に応じて、ときには礼を省略することも大切である。

 作法やマナーを身につけていることに自信がない人にとって、身につけている人が同席していることは、時にこころの負担になることも考えなければなりません。

礼儀作法に大切なことは

❶礼儀作法は「こころ」と「かたち」から成り立つ

　相手を大切に思う「こころ」。そのこころを「かたち」に表したものが作法です。したがって、こころとかたちの双方を理解し、身につけることが礼儀作法には不可欠なのです。

　相手を大切に思うこころというのは、まず、**相手を慮り、自己を抑制する**ことが欠かせません。どうしたら相手の人や周囲の人々とあたたかなコミュニケーションを育むことができるのだろうかと、自分のこころに訴えかけることなく、ただ学んだことをそのまま行動に移すことは、礼儀作法の本質から離れるばかりです。**作法ばかりが先行することのないように**、注意しましょう。

❷臨機応変な行動が重要

　室町時代の小笠原流の伝書のなかで、さまざまな作法が説明された最後に、「時宜によるべし」と書かれています。

　時宜によるべしとは、時・場所・状況に応じた自然な振る舞いが大切であるということです。緊迫した状況が多かったと予測される武士の間でも、細かい作法を身につけるばかりでなく、最終的には臨機応変な行動が、いかに大切であったかということがわかります。

　マニュアルどおりの行動は、ときに行き過ぎたり、足りなかったりすることがあります。気持ちのうえでは、たとえ相手を大切に思っていても、その思いがしっかりと届かないというのは、こうしたさいに起こることなのでしょう。

　礼を省略することが必要な状況もあります（本章コラム参照）。自分の思いを相手に押しつけるのではなく、それぞれの状況に応じた的確な判断ができ、さらには、その判断に基づいて、自然で相手の目に立つことのない美しい振る舞いをこころがけたいものです。

用語解説

【臨機応変】
「機に臨み変に応ず」から来ています。つまり、その場に応じて適切な手段や処置を施す、という意味です。

参考

【慎みのこころ】
　己を慎む気持ちが、礼儀作法を身につけることにつながります。なぜなら、相手に対する思いやりは、礼儀作法の基本であり、自己中心的な気持ちからは、思いやりが生まれるはずはないからです。

2 日本の文化を学びましょう

Q2 昔から季節に関する心得が大切にされてきましたが、現代も注意するべきことは何でしょうか。　（○×で答えましょう。）※解答は別冊 P.2

1. 季節の先取りはよいが、時季を過ぎた花を飾ることは好ましくない。
2. 季節は長く楽しむことが大切。たとえば、紅葉の時季を過ぎても、紅葉が描かれた茶碗を使用し続けることは好ましい。
3. 冷暖房が完備されている施設が多くなった現代では、着物は季節を問わず、袷のもの（裏地のついている着物）を着用するべきである。

 古来より、日本の人々は、季節の盛りよりも、むしろ、季節の移ろいを楽しんできたといえましょう。

季節感で注意することは

❶ 季節を過ぎることは好ましくない

「6日の菖蒲、10日の菊」ということばがあります。

5月5日の端午の節供を過ぎても菖蒲を飾ることや、9月9日の重陽の節供を過ぎても菊を飾ることは、縁起が悪く、好ましくないと考えられてきました（縁起については、本章第3節で、節供については、第8章第2節でふれます）。小笠原流の伝書にも「草木の花、枝にてもかいしきにつかうときは、おくれたる花は不吉なり」と説かれています。

器に食べ物を盛るさい、南天の葉や桃の花などを下に敷くことがあります。その場合、季節を過ぎた花や枝物を使用することは、縁起がよくないということです。お正月の飾りは、松の内である7日までに外しますが、これも同様の考えからです。

季節から季節への移り変わりを楽しみ、季節を先取りすることはよいのですが、時季を過ぎてしまったものを飾ることや使用することは控えましょう。

❷ 季節に応じた着物選び

昨今、結婚式場やホテルなど、冷暖房が完備されたことによって、夏でも不快な思いをせずに袷の着物を用いることができるようになりました。また、一般的に、着物を着用する機会や所有する人が減ってきたため、年間を通じて同じ着物が活用できることも必要といえましょう。

しかしながら、昔から着物には、季節に応じて衣替えがあることを忘れてはなりません。なぜなら、知っているうえで現代にアレンジすることと、知らないままで過ごしてしまうことには、大きな差があるからです。

浴衣も現代では外出着として親しまれていますが、昔は入浴のさいに用いられたものです。だからこそ、外出着に用いるのならば、**清潔感のある身だしなみ**をこころがけて着こなしてほしいものです。

用語解説

【重陽】

中国から始まった陰陽思想では、あらゆる事物を陰と陽の2つに分類し、偶数を陰、奇数を陽とします。

例

陰	女性・夜・地・陰・黒
陽	男性・昼・天・光・白

9月9日は、陽の数の極数である9が重なっているので、重陽と呼ばれています。

【かいしき】

食べ物を盛るさい、下に敷く木の葉、葉付きの枝、または紙のことです。

【南天】

メギ科の常緑低木です。初夏に白い花が咲き、晩秋から初冬にかけて赤色の球形の果実をつけます。「難を転ずる」に通じることから、縁起のよい木とされています。

参考

【松の内】

地方によって、15日までとすることもあります。

【季節のものを飾る】

小笠原流の伝書に、「五節供には当季の物をいずれも三方に入れて出すなり」とあります。それぞれの節供にちなんだものに季節のものを合わせ、楽しんではいかがでしょう。

【着物の衣替え】

着物の種類	着用する時季
【袷】裏地のついている着物	10月～4月
【単】1枚で仕立てられた着物	6月または5月半ば～9月
【薄物】絽や紗などの透けてみえる着物	7月～8月

3 縁起を担ぐとはどんなことでしょうか

Q3 縁起に関して言い伝えられ、守られていることはどれでしょうか。
（○×で答えましょう。）※解答は別冊 P.2

1. 1月11日に鏡餅を割ることを鏡開きという。
2. 頂き物が入っていた器をお返しするさい、中は空のままでよい。
3. 結婚式は大安に行うべきである。

 昔から「お移り」といって、頂き物が入っていた器には、これからも縁が途絶えないようにと、懐紙などを入れてお返しすることがあります。

さまざまな言い伝えについて

●縁起を担ぐ言い伝えの意味

　些細な物事であっても、よい前兆であるとか悪い前兆であるなどと気にすることを、縁起を担ぐといいます。

　日本には、昔から縁起に関する言い伝えが存在します。近ごろは、「迷信にすぎない」と、それぞれの意味を理解しないまま言い伝えを排除してしまう傾向にあることは残念です。

　言い伝えに込められた思いを理解し、そのうえで、縁起を担ぐ言い伝えを上手に取り入れましょう。

鏡開き（1月11日）

　武家社会では、「切る」を連想させることばをできるかぎり用いないようにしました。そこで、お正月に供えていた鏡餅を食べるさいには、餅を切らずに割り、「運を開く」という意味も込めて鏡開きと呼びました。

六曜

　六曜は、大安、仏滅などで知られています。旧暦（太陰暦）の1日について、1月と7月を先勝、2月と8月を友引、3月と9月を先負、4月と10月を仏滅、5月と11月を大安、6月と12月を赤口と定め、さらに、各月の日を先勝、友引、先負、仏滅、大安、赤口、の順に配しました。しかし、六曜は中国で始まったもので、太陰暦での考え方です。明治以降は太陽暦へと改められているわけですから、現代では根拠がないという考え方もあります。また、日取りを決める1つの目安にはなりますが、結婚式などの喜び事は大安でなければならないということはありません。ただし、祝い事は縁起のよい日に行いたいとする気持ちをもつのは、悪いことではありません。

お代わり

　昔は、ご飯をお代わりするさいには、茶碗に一口分だけ残したものでした。なぜなら、すべて食べてしまうと縁が切れると考えたからです。なお、一粒も残さず食べることは、もうこれ以上は要りませんという意味ともいわれています。

用語解説

【懐紙】
　たたんで懐に入れる紙を懐紙といいます。お菓子の下にかいしき（本章第2節参照）として用いられるほか、食事の席（第5章第2節「参考」参照）や茶席でも用いられます。

【太陰暦】
　1か月を29日あるいは30日として、1年を12か月としたものです。

【太陽暦】
　365日を1年と定め、4年ごとに暦と太陽の運行とのずれを補正するための閏日を置いたものです。100年ごとに閏日を省き、400年ごとに閏日を省くことをやめます。

参考

【中国の暦と節】
　中国では殷の時代（紀元前17世紀）ごろから太陰太陽暦がつくられたといわれています。中国の年中行事には、「春節」「元宵節」「端午節」「中秋節」「重陽節」「臘八節」などがあります。現在、日本でも用いられている「二十四節気」は、中国の気候にもとづいて付けられています。

【その他の風習・言い伝えの例】
- 屠蘇は邪気をはらい延命長寿につながる。
- 場所や体を清めるために塩をまく。
- 土用丑の日に「う」のつくものを食べると元気になる。

　そのほか、さまざまな風習や言い伝えがあります。

第1章 理解度チェック

Q1 礼儀作法について正しいものをすべて選び、記号に○を付けなさい。

ア．礼儀作法とは、正しいかたちを身につけるための手段である。
イ．マニュアルどおりではない、臨機応変な振る舞いが大切である。
ウ．礼儀作法がしっかりと身についていても、礼を省略して振る舞うこともある。
エ．会議に遅刻した場合は、必ず、一人ひとりに謝罪をしてから席に着く。

Q2 （　　）の中にあてはまるもっとも適切な語句を語群から選び、記入しなさい。

ア．相手に対する①（　　　　）は、礼儀作法の基本でもあり、自己中心的な気持ちからは、（　①　）は生まれにくい。②（　　　　）をもつことが、礼儀作法を身につけることにつながる。

イ．季節を③（　　　　）することはよいが、季節を過ぎたものを飾ることや使用することは控える。季節の④（　　　　）を楽しむことが大切である。

〈語群〉
かたち　思いやり　慎みのこころ　先取り　無視する　流行　移り変わり

Q3 着物の衣替えについて、（　　）の中にあてはまるもっとも適切な語句・数字を記入し、表を完成させなさい。

着物の種類	着用する時季
袷（あわせ）	（　）月～（　）月
単（ひとえ）	6月または5月半ば～（　）月
（　　　）	7月～8月

※解答・解説は別冊（P.4～5）

Q4 （　）の中にあてはまるもっとも適切な語句を語群から選び、記入しなさい。

浴衣は、現代では①（　　　）に着用されているが、昔は②（　　　）に用いられた。

このため、現代でも浴衣を用いるときは、③（　　　）を意識した身だしなみをこころがけるべきである。

〈語群〉

入浴のさい　外出のさい　儀式のさい　清潔感　高級感　流行

Q5 1月11日の「鏡開き」について、簡単に説明しなさい。

_____
_____
_____
_____

Q6 風習・言い伝えに関して、次の❶～❸の答えを書きなさい。

❶邪気をはらい延命長寿につながるといわれ、正月に飲むもの：_____
❷場所や体を清めるためにまくもの：_____
❸土用丑（うし）の日に食べるもの：_____

column

礼の省略

　作法やマナーを身につけていることを少しでもひけらかしてしまうような行動は、礼のこころに反します。

　たとえば、食事の作法について広く深い知識や理解がない人の前で、身につけたすべてをそのままのかたちで行うことは、相手に居心地の悪さを与えてしまっていることにつながりかねません。

　したがって、自分が身につけていることのいくつかを省略し、相手を不快にさせない程度の最低限の振る舞いに止めておくことも、ときには重要です。

　また、会議に遅刻したさい、深いお辞儀や丁寧な挨拶をすることによって、会議全体の流れを中断してしまうことがあります。そのような場合も、礼を省略し、左右の席の人だけに軽く挨拶をして席に着き、会議が終わってから遅刻したおわびを伝えましょう。

　このように、場の空気を読み、その場に応じた振る舞いができることが大切です。

第2章
正しい身のこなしを覚えましょう

1 正しい姿勢で立っていますか

Q1 正しい姿勢で立つためのポイントはどれでしょうか。
（○×で答えましょう。） ※解答は別冊 P.2

1. 左右の足のつま先とかかとは、付けずに少し離しておく。
2. 背骨が腰に突き刺さるイメージで、下腹部に少し力を入れて背筋を正す。
3. 指は軽く丸みをもたせて、体の脇（わき）にそろえる。

正しい姿勢は、頭から足元まで、すべてに注意を払ってこそ身につけられるものです。姿勢は、その人のこころがけが自然と表れてしまうと心得ましょう。

立っているときの正しい姿勢

❶動作の基本は胴づくり

　体が前後左右に傾くことなく、腰を据え、安定している姿勢を胴づくりといいます。あらゆる動作の基本として、胴づくりを身につけましょう。

胴づくりのポイント

❶ 両足のかかととつま先をそろえます（男性は、少しつま先を開きます）。
❷ 髪の毛を上から引っ張られ、背骨が腰に突き刺さるイメージで、上体を上へ伸ばします。
❸ 頭の重さが土踏まずに落ちるイメージで、重心を落とします。
❹ 両手は、少しふくらみをもたせて指をそろえ、体の脇に自然に下ろします。
❺ 顎が前に出ないように注意しましょう。

❷椅子に座るときの姿勢

　男女を問わず、電車やバスの中、あるいはレストランなどで、椅子に座るさい、**自分の使用するスペースは最小限度にとどめる**ようにこころがけることを忘れてはなりません。左右の足を前に投げ出すことや、膝元を大きく開いて座ることは、見た目の不快感だけでなく、周囲に対して迷惑になるおそれがあるのです。椅子に座る場合のポイントも理解し、身につけておきましょう。

参考
【姿勢は健康の基本】
　猫背は内臓を圧迫するなど、健康にも悪影響を及ぼします。
　無理に胸を張ると、堅苦しい印象をつくりやすいのですが、気分が落ち込んでいるときは別。胸を張り、頭を上げ、大きく深呼吸をすることをお勧めします。

椅子に座るときのポイント

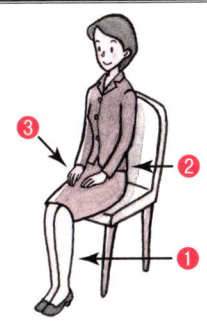

❶ 両足は、左右の膝を合わせ、かかととつま先をそろえます（男性は、膝とつま先を少し開きます）。
❷ 長時間座る場合は別として、姿勢が崩れないように、椅子には浅めに腰掛け、椅子の背に体をもたせかけすぎないことが基本です。
❸ 両手を腿の上に置きます。フォーマルな席では、指をそろえて丸みをもたせ、自分から見てハの字になるように置きます（カジュアルな席では、腿の上で両手を重ねてもよいです）。

2 座り姿も美しく

Q2 正座について、正しく説明しているのはどれでしょう。
（〇×で答えましょう。）※解答は別冊 P.2

1. 左右の足の親指は、3〜4cm程度重ね合わせる。
2. 両膝（ひざ）は、男女ともに必ず合わせる。
3. かかとに体重が乗らないようにする。

 足がしびれるのは、重心が後ろになっているために、自分の体重が足にかかってしまうからです。

正座することの意味

❶ 江戸時代からの正座の広がり

　武士は、あぐらや片膝を立てて座っていたのが、江戸時代からは、正座が中心となったといわれています。

　正座が広まった理由はいくつかありますが、その1つとして、正座は、主人の尊厳を保つとともに、相手に服従心を表したり、敵意がないことを示すと考えられたことがあげられます。

　そのほかに、徐々に庶民の生活にも畳（たたみ）が普及したことや、茶道が普及したことも影響を与えています。

正座のポイント

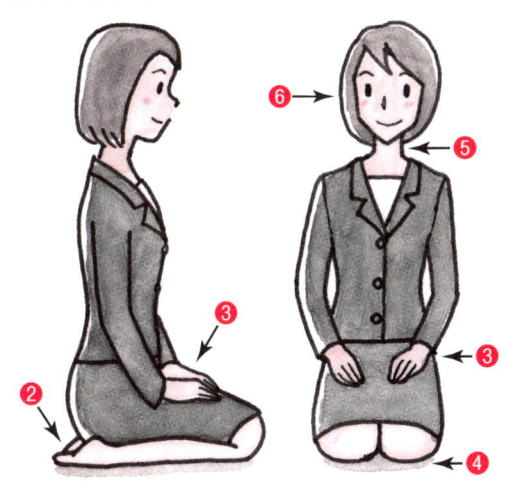

❶ 体重は、後ろに落とさず、上体を浮かせるイメージで座ります。
❷ 両足の親指は、3～4cm程度重なるようにします。
❸ 両手は、指をそろえて丸みをもたせ、腿（もも）の上に自分から見てハの字になるように置きます。
❹ 膝頭（ひざがしら）は、男性は握りこぶし1つ分程度あけ、女性はそろえます。
❺ 顎（あご）が前に出ないように注意しましょう。
❻ 視線は正面を見るようにします。

❷ 正座の目線

　現代は、洋室中心の生活となっているために、部屋の絵や置物などは目線が高い状況のもとに飾られています。

　しかしながら、和室では、床（とこ）の間（ま）に掛ける掛軸や、室内に置く花、さらに、庭の景色などは、すべて正座での目線が基本です。したがって、**正座での目線が考えられたなかで日本文化が育まれてきた**ことを、忘れてはならないのではないでしょうか。

　和室離れが進むからこそ、積極的に日本の美意識の基本となった正座に親しんでいただきたいものです。

参考

【生気体と死気体】

　小笠原流では、正しく座った姿勢を「生気体」、背を丸め、顎を前に出すなどというような悪い姿勢を「死気体」といって戒（いまし）めています。

3 立礼について考えましょう

Q3 立ったままの姿勢で礼をするときについて、正しく説明しているのはどれでしょう。（○×で答えましょう。）※解答は別冊 P.2

1. 両手を体の脇に付けたままで行うと美しい。
2. 会釈、浅めの敬礼、深い敬礼の3種類は、すべて角度で覚え、身につけることが好ましい。
3. お辞儀のさい、髪の乱れを直すために手を髪に持っていくことは避ける。

ヒント 立ったままの姿勢で礼をすることを立礼といいます。お辞儀は、こころをともなって行うことが大切です。また、状況に応じて、お辞儀の深さが異なります。

立礼は3種類

●お辞儀の大切さ

お辞儀は、ことばを用いなくても、相手に対する敬意や感謝の意を伝えることのできる大切な振る舞いの1つです。だからこそ、できるかぎりその思いを的確に表現できるようなお辞儀を身につけましょう。

お辞儀は、角度で覚えようとするのではなく、体の傾斜にともなって、両脇にある手がどの位置まで移動するのかを理解することによって、自然に行うことができます。

また、一度の挨拶で何度もお辞儀をすることや、頭だけを深く下げることは、見た目に美しくないだけでなく、せわしない印象を与えるおそれがあるので避けましょう。

そのほか、本章コラムも参照してください。

立礼のポイント

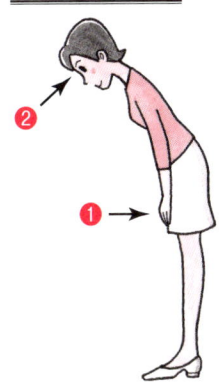

❶ 正しく立った姿勢から、お辞儀が深くなればなるほど、両手は自然に体の脇から膝に近づくように移動させます。
❷ 視線は少しずつ下がるようにし、上目遣いにならないように注意しましょう。
❸ 一度の挨拶に何度もお辞儀を行うのではなく、1回のお辞儀にこころを込めるようにします。

礼三息

お辞儀は、息を吸いながら身体を前傾させ、止まったところで息を吐き、再び息を吸いながらもとの姿勢に戻ります。この息遣いを「礼三息」と呼びます。

残心

お辞儀を終えたからといって、すぐに次の行動に移ることは控えましょう。最後まで相手にこころを残すことが必要です。これを「残心」といいます。

参考

【座礼】

座礼は、正しく座った状態から、身体が傾くのと同時に腿の上にある両手を身体の脇へ移動します。さらに、深いお辞儀の場合は、両手を前方へと移動します。そのさい、両手に体重をかけず、指は軽く丸みをもたせてそろえます。立礼同様に、礼三息も忘れないようにしましょう。

4 よい姿勢で歩きましょう

Q4 歩き方について、正しく説明しているのはどれでしょう。
（○×で答えましょう。）　※解答は別冊P.2

1. 草履(ぞうり)のときは、足の指にしっかりと力を入れて歩くとよい。
2. 膝(ひざ)を曲げて歩くことは、無理がなく、楽に移動できるので好ましい。
3. 腰を前に出すイメージで、足を前方へ踏み出して歩くとよい。

まず、正しい姿勢を保つことが必要です。洋装の場合、踏み出した足は、かかとから着地させます。前屈みの姿勢で、膝を大きく曲げて歩くことは避けましょう。

よい姿勢で歩くということ

❶ 歩き方で印象が決まる

　すてきな装いをしていても、歩き方に品格がないと全体の印象が悪くなります。

　男女を問わず、外輪（外股（また））歩きや内輪（内股）歩きは見た目に美しくありません。また、足をひきずるにようにしながら膝を曲げて歩くことは、避けたいものです。左右の足ともに、1本の線を挟（はさ）んで歩くようにすることをこころがけましょう。

歩き方のポイント

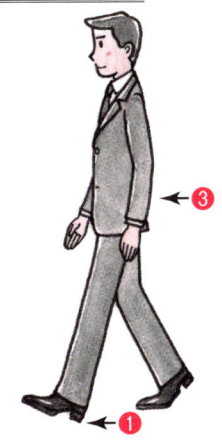

❶ 正しい姿勢を保ち、踏み出した足は膝を伸ばした状態で、かかとから着地させます。
※ただし、勢いよくかかとを着けることは避けましょう。

❷ 髪の毛を上から引っ張られ、さらに、お腹を軽く引き上げるイメージで上体を整えます。
※腰を曲げたり、猫背になることを防ぎます。

❸ 腰を前に出すイメージで、足を前方へ踏み出します。
※上体を前後左右に傾けることなく、安定を保つように注意します。

❹ 靴音が、大きくならないようにします。
※特に、女性は、ヒールの高い靴やサンダル（ミュール）を履（は）く場合は、音への配慮を忘れずに。

　草履を履いて歩くさいに、ペタペタと音がするのは、足の指に力を入れていないからです。洋装で靴を履いているときも、雨の日は足の指に力を入れて歩くようにすると、はね上がるのを防ぐことができます。

❷ 正しい歩き方は健康につながる

　姿勢が悪く、体に負担がかかるような歩き方をしていると、足を痛めるだけでなく、腰痛や頭痛を招くなどの原因ともなり、健康に悪影響を及ぼしかねません。

　正しい姿勢で歩くと、気分もよくなるものです。また、歩くことは、何よりも手軽に健康を維持するための方法の1つです。美しい歩き方を身につけ、心身の健康を保ちましょう。

参考
【和室での歩き方】
　和室では、後ろの足を前に運ぶようなイメージで、足の裏が床と平行になるように静かに歩きます。したがって、かかとから着地することを意識する歩き方とは異なります。双方の歩き方を身につけておくことが好ましいです。

5 | 和室での立ち居振る舞いを身につけましょう

Q5 和室での好ましい振る舞いはどれでしょう。
（○×で答えましょう。）※解答は別冊 P.2

1. 正座で足がしびれてしまった場合は、跪座(き)になって、しびれを取るとよい。
2. 襖(ふすま)を開けるさい、基本的に「何度に分けて開ける」といった決まった回数はない。
3. 正座から立つとき、立った状態から正座になるとき、いずれも跪座を経由すると、動作がスムーズになる。

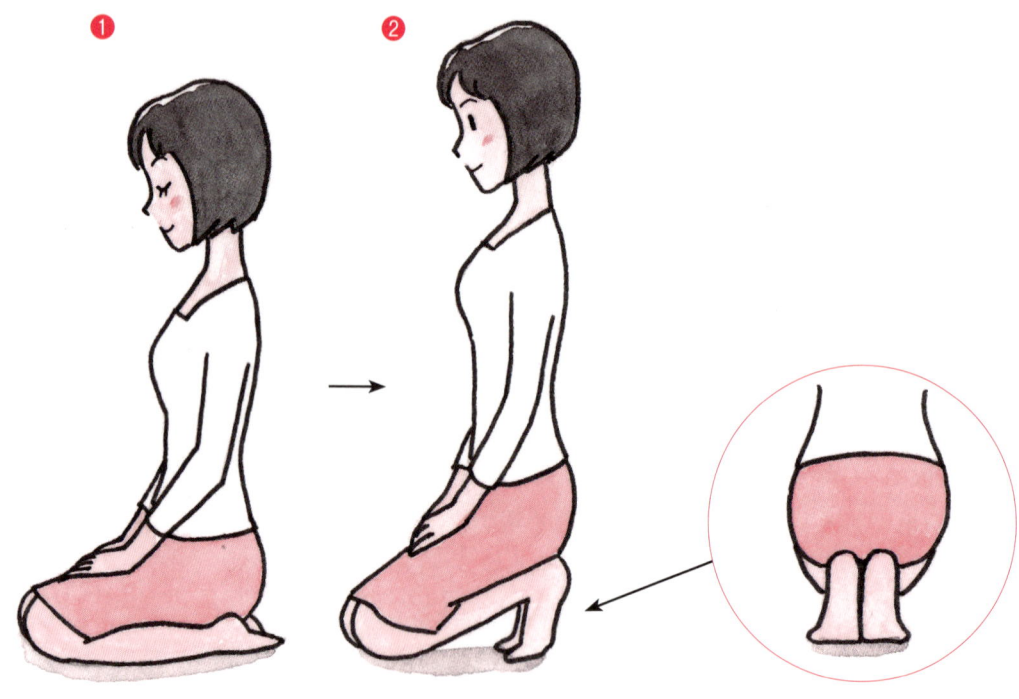

ヒント

跪座とは、ひざまずいて座ることです。次のように座ります。
❶正座の状態から、少し腰を浮かせてつま先を立てます。このとき、左右のかかととつま先が離れないように注意します。
❷左右のかかとを合わせた上に腰を落ち着かせます。後ろに反り返らないように、上体を上方へ伸ばすイメージで座ります。

第2章 正しい身のこなしを覚えましょう

和室での立ち居振る舞いの基本

❶和室での立ち座り

正座から立ち上がる、あるいは、立っている姿勢から正座に移る場合、次の動作を身につけておくと、スムーズに振る舞うことができます。

正座から立ち上がるとき	正座するとき
❶正座から跪座に移ります。 ❷下座足を、徐々に半歩ほど前へ踏み出し、膝を少し立てます。 ❸踏み出した足に力を入れて立ち上がります。このとき、立ちきるまでに、後ろの足を前に運んで両足をそろえます。	❶下座足を半歩ほど後ろへ引くと同時に、両膝を折り曲げます。 ❷体を垂直に落とし、「引いた足」→「反対側の足」の順で膝を床に着け、跪座の姿勢になります。 ❸足を寝かせて正座になります。

跪座は、低い位置で動作をするさいの基本姿勢でもあります。床にあるものを取るさいなどは、腰をかがめた無理な姿勢ではなく、跪座の姿勢になりましょう。

さらに、正座で足がしびれてしまったさいは、跪座になってしびれを治すとよいです。

❷襖の開け閉て

襖は、3回に分けて開け閉てすることが基本です。

襖を開けるとき

❶襖の前に座り、引き手に近いほうの手を引き手にかけて、5〜6cmほど開けます。

❷引き手にかけた手を襖の端にかけながら下ろし、体の中心まで開けます。

❸反対の手に替え、体が通れるくらいまで開けます。

用語解説
【下座足】
床の間から遠い側、同席者から遠い側、部屋の出入口に近い側などをいいます。

参考
【襖を3回で開ける理由】

1度目	「これから入ります」という合図になる。
2度目	居住まいを正す、あるいは、部屋の様子を確認することができる。
3度目	互いの準備ができた状態で、初めて、身体が通る分だけ開ける。

【和室への出入り】
改まった席や状況によっては、正座のままの姿勢で、両手を床に着けて移動し、出入りすることがあります。立って出入りする場合は、敷居を踏むことのないように注意します。

【襖を閉めるとき】
❶襖に近い手で、襖の下のほう（端）を持って引き始め、体の中心まで閉めます。
❷反対の手に替えて、残り5〜6cmの辺りまで閉めます。
❸反対の手に替えて、残りを閉めます。

第2章 理解度チェック

Q1 立ち方・座り方について正しいものをすべて選び、記号に○を付けなさい。

ア．両足のかかととつま先をそろえるだけで、自然と正しい姿勢が維持できる。
イ．体を前後左右に傾けることなく、腰を据え、安定している姿勢を胴づくりという。
ウ．電車やバスの中では、自分の使用するスペースが最小限度にとどまるようにこころがける。
エ．やわらかい印象をつくるためには、前かがみの姿勢をこころがける。

Q2 正座のポイントについて、（　　　）の中にあてはまるもっとも適切な語句・数字を記入しなさい。

ア．体重は、後ろに落とさず、①（　　　　　）を浮かせるイメージで座る。
イ．両足の②（　　　　）は、③（　　　　）cm程度重なるようにする。
ウ．両手は、指を④（　　　　　）、丸みをもたせ、腿の上に自分から見て⑤（　　　　）になるように置く。

Q3 お辞儀に関する❶❷の振る舞いについて、簡単に説明しなさい。

❶礼三息（れいさんそく）

❷残心（ざんしん）

第2章　正しい身のこなしを覚えましょう

※解答・解説は別冊（P.5～7）

Q4 歩き方について、（　）の中にあてはまるもっとも適切な語句を記入しなさい。

ア．踏み出した足は①（　　　　）を伸ばした状態で、②（　　　　）から着地させる。
イ．草履（ぞうり）のときは、③（　　　　）に力を入れて歩くとよい。
ウ．④（　　　　）を上から引っ張られ、⑤（　　　　）を軽く引き上げるイメージで上体を整える。
エ．⑥（　　　　）が前後左右に傾くことなく、⑦（　　　　）を前に出すイメージで足を前方へ踏み出す。
オ．和室では、⑧（　　　　）が床と平行になるように静かに歩く。

Q5 正座から立つときや、立った姿勢から正座になるときに、❶経由する状態を何というか答えなさい。また、❶は、❷どのようなときに活用できるか、2点あげなさい。

❶経由する状態：＿＿＿＿＿＿＿＿＿＿＿＿＿＿＿＿
❷活用するとき：・＿＿＿＿＿＿＿＿＿＿＿＿＿＿＿

・＿＿＿＿＿＿＿＿＿＿＿＿＿＿＿＿＿＿＿＿＿＿＿

Q6 （　）の中にあてはまるもっとも適切な語句を記入し、表を完成させなさい。

襖（ふすま）を開ける回数	動作	理由
1度目	少しだけ襖を開ける。	「これから入ります」という（　　　）になる。
2度目	（　　　）まで開ける。	中にいる人は（　　　）を正し、開けている人は中の様子を確認することができる。
3度目	体が通る分だけ開ける。	（　　　）ができた状態で、初めて開ける。

33

column

3種類の立礼

立礼の種類	会釈（えしゃく）	浅い敬礼	深い敬礼
	角度の目安：15°程度 両脇にある手が腿（もも）の前にくる程度まで上体を傾けます。	角度の目安：30°程度 会釈よりも、両脇にある手が少し膝頭（ひざがしら）に近づく程度まで上体を傾けます。会釈と比べて角度が深くなるため、背が丸まることのないように注意します。	角度の目安：45°程度 両脇にある手が膝頭に届く程度まで上体を傾けます。
場面	お茶を運ぶときや、部屋の入退室などに用います。	「おはようございます」と挨拶（あいさつ）をするさいなど、日常で頻繁に用いられます。	お礼やおわびの気持ちを伝えるさいに用います。

第3章

美しいことば遣いを身につけましょう

1 会話について考えましょう

Q1 会話に関して大切なことは何でしょうか。
（○×で答えましょう。） ※解答は別冊 P.2

1. 敬語を身につけることは、社会において相手や周囲の人との会話を円滑にするためにも必要なことである。
2. いつでも大きな声で話をするようにこころがけると、好印象につながりやすい。
3. 会話は、正しいことばを用いることだけでなく、話すさいや聞くさいの表情も大切である。

> **ヒント**　「会話は、キャッチボールである」と心得ることが重要です。小さなことであっても、日常の会話のなかで相手をほめるだけのこころのゆとりは、常に、もっていたいものです。また、状況に応じた声の大きさで話しましょう。

会話について大切なこと

❶察するこころを忘れずに

　会話は、対面する相手もしくは周囲の人との間に行われることです。だからこそ、ひとりよがりに話をすることがないように注意しなければなりません。周囲を察するこころなくして、その場を心地よい空気に包まれた空間にすることは、難しいのです。

　たとえば、その場に適した話題や内容で会話を進めることが大切です。また、大きな声は、元気で明るい印象をつくりますが、状況によっては、周囲の人の迷惑や不快感につながることがあるため、配慮が必要です。

❷相手の話を聞く

　昔から、会話はキャッチボールであるといわれます。自分が話したいことばかりを一方通行で伝えるのではなく、**相手の話を聞き、内容をしっかりと受け止める**ことによって、さらに、豊かな会話が生まれます。

　相手に好感がもちにくい、話していることに興味がもてないなどという感情をもち続けるのではなく、こころを傾けて話を聞くようにしましょう。それには、相手に視線を合わせ、さらに、話のタイミングに合わせてあいづちを打ちます。また、通常の会話なら、笑顔で接するように努めることが大切です。

❸明るい挨拶

　挨拶をするさい、たとえ正しい姿勢で上手にお辞儀ができていたとしても、ことばに気持ちが込められていなければ、冷たい印象を与えてしまうことになるでしょう。

　相手に視線を合わせ、笑顔で、さらには、明るい声で挨拶を行うと、自分自身も気分がよくなるものです。

　また、挨拶は待っているのではなく、こちらから率先して行うことをこころがけることも忘れてはなりません。

参考

【話を聞くときの注意】
　話の内容に興味がないと、視線を外してしまう、あるいは、あいづちを打つ回数が減るなどして、相手に興味のない気持ちが伝わってしまうことがあります。それにより、場の雰囲気が悪くなることもあります。

【「こんにちは」の意味】
　「こんにちは」は、「今日もよい日ですね」、「今日はご機嫌いかがですか」などという意味を略しているものです。ことばの語源を調べると、挨拶のことばにも気持ちが込めやすくなるのではないでしょうか。

【相手をほめる】
　無理にお世辞を言うことは、相手に対しても失礼ですが、自然に相手のよいところを見つけて、それを伝えることは大切です。ただし、相手と自分との間柄によって、また、立場をわきまえたうえで、その事柄を伝えるか伝えないかを適切に判断しなければなりません。伝えると判断した場合は、会話のなかで、自然な表現を用いて伝えましょう。「髪型を変えたの？　似合っていてすてきね」「おしゃれな柄のネクタイですね」というような外見をほめることだけでなく、「いつも明るい笑顔にこころがなごみます」など、内面的なことにふれることも重要です。おそらく、内面をほめられて嫌な気分になる人は、少ないのではないかと思います。

2 敬語について考えましょう

Q2 敬語について、正しい説明はどれでしょうか。
（○×で答えましょう。）※解答は別冊 P.2

1. 敬語には、尊敬語、謙譲語、丁寧語の3分類があり、最近は、尊敬語、謙譲語1、謙譲語2、丁寧語、美化語の5分類という考え方もある。
2. 二重敬語と呼ばれるように、敬語は重ねると丁寧さが増すので好ましい。
3. 尊敬語には、「召し上がる」など、そのことば自体が尊敬の意を表すものがある。

ヒント 相手を敬い、自己を慎み、お互いに心地よく会話を進めるためにも、積極的に敬語を身につけたいものです。ただし、敬語の濫用や、敬語の意味を考えずにことばを用いると、過剰な印象をつくりかねないので、注意しなければなりません。

敬語について大切なこと

●敬語の3分類

敬語は大きく分けて、尊敬語、謙譲語、丁寧語の3分類がありますが、尊敬語、謙譲語1、謙譲語2（丁重語）、丁寧語、美化語の5分類という考え方もあります。

ことばは生きているからこそ、1つのことを表現するさい、何通りものことばが存在するのです。それぞれの分類の意味を理解し、その場に適したことば遣いをこころがけましょう。

尊敬語

相手や話題になっている人、その人に属するもの、事柄、行為、状況などを高く待遇することによって、相手や話題の人に敬意を表す敬語です。

- お、ご、御、貴、様、殿、などを付ける　例 お考え、御社、貴社
- れる・られる、お（ご）〜になる、を付ける
    例 書かれる、お書きになる
- そのことば自体が尊敬の意を表す
    例 食べる→召し上がる、言う→おっしゃる

謙譲語

自分や自分の側の人を低くし、へりくだることによって、相手や話題の人に敬意を表す敬語です。

- 弊、愚、ども、拙、小、などを付ける　例 弊社、私ども、拙宅
- お（ご）〜する、を付ける　例 お尋ねする、ご案内する
- そのことば自体が謙譲の意を表す
    例 見る→拝見する、会う→お目にかかる

丁寧語

相手に対して特別な配慮をもち、丁寧な言い回しで相手に敬意を表す敬語です。

- お、ご、を付ける　例「お水、お手紙、ご説明」
- です、ます、ございます、を付ける　例「あちらが入口です」
- ことばを言い換える
    例「あっち」→「あちら」、「ちょっと」→「少々」

プラス解説

【敬語の濫用】

「ご覧になられる」「お召し上がりになられる」などと、敬語を多く遣うことは、不自然で好ましくありません。二重、三重に敬語を用いることがないように注意しましょう。

【注意が必要なことば遣い】

- 「〜になります」

「なる」は、変化を表す印象が強い表現です。
　×「こちらがパンフレットになります」
　⇒○「こちらがパンフレットです」

- 「ございます」

「ございます」は「ある」の丁寧語のため、相手に用いるのは失礼です。
　×「お父さまはお元気でございますか」
　⇒○「お父さまはお元気でいらっしゃいますか」

- 「〜のほう」

「ほう」はいくつかあるなかの1つを指すさいに用いる表現のため、対象が1つの場合は用いません。
　×「テキストのほうを忘れました」
　⇒○「テキストを忘れました」

- 「全然」

「全然」は「全然〜でない」という否定的な意味に用いるのが自然です。肯定では控えましょう。
　×「全然嬉しいです」

- 「っていうか」

「というか」は、「〜というよりは、むしろ」というような意味です。前に受けることばがない話し始めでは避けましょう。

3 状況に応じたことばで気持ちを伝えましょう

Q3 状況に応じたことばとして、好ましい表現はどれでしょう。
（○×で答えましょう。）　※解答は別冊 P.2

1. 上司が帰社したさいは、「ご苦労さまでした」と声をかける。
2. 相手に何かを尋ねるさいは、「すみません」ではなく、「おそれいります」のほうが好ましい。
3. 相手からの依頼に対し応（こた）えることが難しいさいは、「できません」ではなく、「いたしかねます」と伝えるほうが好ましい。

ヒント　相手の労をねぎらうさい、自分の立場をわきまえた表現をしないと、上の立場からことばをかけているような印象をつくり、誤解を招きかねません。

状況に応じたことばの表現

❶立場をわきまえたことば遣い

「ご苦労さま」は、**目上の人が目下の人の労をねぎらうさいに用いる表現**です。したがって、外出先から帰社した上司に対しては、適切なことば遣いではありません。

また、一般的に、「お疲れさま」は目上の人に対して用いてもよいとされています。しかし、「自分はまだ疲れていないのに、部下からこのようなことばをかけられると違和感がある」という考え方もあります。そのような場合、目上の人に対しては、「お帰りなさいませ」と伝えましょう。

❷好ましい表現

●すみません→おそれいります

人に何かを依頼するさいや尋ねるさいなどは、「おそれいります」を用いましょう。「すみません」は済まない、という意を含むため、適切な表現ではない場合があるからです。

●できません→いたしかねます

相手からの依頼を断るさい、「できません」は強い拒絶の印象を与えてしまうので、注意しましょう。

●とんでもございません→とんでもないことでございます

「途でもない」が変化したのが「とんでもない」です。「とんでもないことでございます」で、1つのことばであることを理解して用いましょう。

●なるほど→おっしゃるとおりです、さようでございます

相手の話を肯定するさいや、共感するさいに、「なるほどですね」などという表現を聞きますが、好ましくありません。

●ちょっと→少々

日常の会話で、「ちょっといいですか」などといってしまうことがあるかもしれませんが、「ちょっと」は幼い印象を与えますので、「少々よろしいですか」と表現しましょう。

参考

【好ましい表現】

同じ内容であっても、ことばの遣い方によって、相手が受けるイメージがまったくといってよいほど異なることがあります。

相手に不快な思いをさせたり、誤解を与えないように、品格のある好ましい表現を身につけましょう。

【好ましいことばへの言い換え】

- ×「ええ」「うん」
- ⇒○「はい」
- ×「あの人」
- ⇒○「あの方(かた)」
- ×「だれですか」
- ⇒○「どちらさまですか」
- ×「ありません」
- ⇒○「ございません」
- ×「どうですか」
- ⇒○「いかがですか」
- ×「できません」
- ⇒○「いたしかねます」
- ×「わかりません」
- ⇒○「わかりかねます」
- ×「知りません」
- ⇒○「存じません」
- ×「見ましたか」
- ⇒○「ご覧になりましたか」
- ×「さようなら」
- ⇒○「失礼いたします」
- ×「わかりました」
- ⇒○「承知いたしました」
- ○「かしこまりました」
- ×「参考になりました」
- ⇒○「勉強になりました」
- ×「オフィスにいますか」
- ⇒○「オフィスにいらっしゃいますか」
- ×「名前を教えてもらえますか」
- ⇒○「お名前を伺えますか」
- ×「手があいていますか」
- ⇒○「お手すきですか」

第3章 理解度チェック

Q1 会話について、（　　）の中にあてはまるもっとも適切な語句を記入しなさい。

ア．正しいことば遣いを身につけるほかに、話すさい・聞くさいの①（　　　　）も大切である。

イ．周囲を②（　　　　）をもち、その場に適した話題や内容で会話を進める。

ウ．③（　　　　）、④（　　　　）、⑤（　　　　）に応じた声の音量で、周囲の迷惑とならないようにこころがける。

エ．⑥（　　　　）を身につけることは、社会において、相手や周囲の人との会話を円滑にするためにも必要である。

Q2 （　　）の中にあてはまるもっとも適切な語句を語群から選び、記入しなさい。

ア．会話は①（　　　　）といわれるように、自分が話したいことばかりを一方的に話すのではなく、相手の話を②（　　　　）ことが重要である。そのためには、相手の話に③（　　　　）を傾けて聞くことが大切である。

イ．相手の話を聞くさいには、相手に④（　　　　）を合わせ、話の⑤（　　　　）に合わせてあいづちを打つ。通常の会話では、⑥（　　　　）で接するようにこころがけるとよい。

〈語群〉
キャッチボール　プレゼンテーション　タイミング　笑顔　こころ　視線
趣味　受け止める　さえぎる

Q3 挨拶を行うさい、冷たい印象を与えないためのポイントを2点あげなさい。

・　　　　　　　　　　　　　　　　　　　　　　　　　　　　　　　　
・

第 3 章　美しいことば遣いを身につけましょう

※解答・解説は別冊（P.7 ～ 8）

Q4 ほめることについて正しいものをすべて選び、記号に○を付けなさい。

ア．こころから思っていないことに対して、無理にでもお世辞を言うこころがけが大切である。
イ．外見をほめることだけでなく、相手の内面の素晴らしさを見つけてほめることも大切である。
ウ．相手と自分との間柄により、表現方法やそのことを伝えるかどうかを適切に判断する。

Q5 敬語について、（　　）の中にあてはまるもっとも適切な語句を記入しなさい。

※同じ語句を使ってもよい。

ア．敬語を３分類すると、①（　　　　）、②（　　　　）、③（　　　　）がある。
イ．相手や話題になっている人、相手や話題になっている人に属するものなどに対しては、④（　　　　）を用いる。（　④　）では、相手の会社を⑤（　　　　）または⑥（　　　　）などという。
ウ．自分や自分の側の人に対しては、⑦（　　　　）を用いる。（　⑦　）では、「見る」を「⑧（　　　　）」という。

Q6 ことば遣いについて正しいものをすべて選び、記号に○を付けなさい。

ア．相手の話に共感するときは、「なるほどですね」と言うと丁寧になる。
イ．「ちょっと」は幼い印象を与えるため、「少々」という表現が好ましい。
ウ．「とんでもございません」は、慎み深い表現であり、正しいことば遣いである。
エ．相手に声をかけるさいには、「すみません」ではなく、「おそれいります」を用いるほうが好ましい。

column

挨拶のことば

挨拶は、初対面の人、知り合いの人、いずれに対しても、好ましい人間関係をつくる第一歩です。明るく好感のもたれる笑顔やお辞儀とともに、ことばにもこころを込めて挨拶を行いましょう。

●感謝を伝える場合
「ありがとう存じます」「ありがとうございます」
●何かについて、尋ねる・依頼する・感謝を伝える場合
「おそれいります、…」「恐縮ではございますが、…」「お差し支えなければ、…」
●承諾する場合
「かしこまりました」「承知いたしました」
●声をかける場合
「おそれりますが」「少々よろしいですか」「失礼いたします」
「お忙しいところ、申し訳なく存じます」
「お忙しいところ、申し訳ございません」
●肯定の返事をする場合
「おっしゃるとおりです」「さようでございます」
●おわびを伝える場合
「申し訳なく存じます」「申し訳ございません」
●相手を歓迎する場合
「いらっしゃいませ」
●相手を待たせる場合
「少々お待ちくださいませ」
●相手を待たせた場合
「お待たせいたしました」
●何かについて、注意や苦情を伝える場合
「失礼ではございますが、…」「恐縮ではございますが、…」
「ぶしつけではございますが、…」
●何かについて、断る場合
「残念ではございますが、…」「あいにくではございますが、…」
「せっかくではございますが、…」

第4章

電話・手紙の作法を身につけましょう

1 電話のかけ方の基本を身につけましょう

Q1 電話をかける側の正しい心得はどれでしょうか。
（○×で答えましょう。）　※解答は別冊 P.2

1. 電話は自分の姿が相手に見えるわけではないので、姿勢や表情などは、相手と対面しているときほどは気にしなくてよい。
2. 電話をかける前に、相手の電話番号、用件などを簡単にまとめてメモをする準備が大切である。
3. こちらから連絡をした場合でも、相手が目上の人であれば、相手が電話を切ってから受話器を置くようにこころがける。

> **ヒント** 電話は声だけで印象が決まります。無愛想な応対や失礼なことば遣いなどにより、悪い印象を与えてしまうことのないように、対面しているとき以上に姿勢や表情にも注意しましょう。

電話をかける側の心得

●電話は声のみで印象が決定する

電話は相手の姿が見えないだけに、声の印象のみでその人の印象が決定づけられます。したがって、**対面しているとき以上に、正しい姿勢や明るい表情をこころがけ**、悪い印象をつくらないようにすることが大切です。

電話をかけるときの流れとことば遣いは、以下のとおりです。

相手の電話番号、部署名、役職名、伝える用件などを確認する
・簡単にまとめてメモをとってから、正確にプッシュ（ダイヤル）して電話をかけます。

名乗る
「○○と申します」
〈相手が名乗らなかった場合〉
・最初に「○○様のお宅ですか」などと相手を確認してから名乗ります。

挨拶をする
「おはようございます」「こんにちは」「こんばんは」「いつもお世話になっております」
「ご無沙汰しております」

話したい人への取り次ぎを依頼する
「おそれいりますが、○○さんはご在宅ですか」
「お忙しいところおそれいります。○○課の○○様は、お手すきでいらっしゃいますか」
「夜分に申し訳ございませんが、○○さんはいらっしゃいますか」
〈相手が電話に出た場合〉

　挨拶をする
　「いつもお世話になっております」

　相手の都合を確認してから用件を伝える
　「お忙しいところ、誠に恐縮ですが、少々、お時間を頂戴できますか」
　「お手すきでいらっしゃいますか」
　〈相手が不在の場合〉
　「急用ではございませんので、再度こちらからご連絡いたします」
　「後ほどこちらからご連絡を差し上げたいのですが、本日は何時ごろ、戻られる予定ですか」
　「おそれいりますが、お言付けをお願いできますか」
　「お手数をおかけいたしますが、ご伝言をお願いいたします」
　「誠に恐縮とは存じますが、至急、ご相談したいことがございますため、折り返しご連絡を頂戴できますか」

用件を伝え、最後に内容をまとめて確認する
・相手が不在で用件を言付ける場合は、用件が正確に伝わったことを確認します。
・再度、自分の名前を伝えてから相手の名前も伺って書き止めておきましょう。
・ゆっくりと丁寧に電話番号を知らせ、復唱して確認しましょう。
「おそれいりますが、念のため電話番号を申し上げますので、書き止めていただけますか」

終了の挨拶をする
「お忙しいところ、お時間を頂戴いたしまして、ありがとう存じます」
「よろしくお願いいたします」「失礼いたします」

参考

【電話応対での注意】
・正しい姿勢と明るい笑顔で話す。
・ゆっくりと、わかりやすい表現で、はっきり話す。
・丁寧なことば遣いをこころがける。
・相手と対面している気持ちで話す。
・メモを取る。
・最初の挨拶だけでなく、最後の挨拶までこころを込める。

【電話を終了するとき】
電話はかけた側が先に切るのが基本ですが、相手が目上の人の場合などは、相手が切ってから受話器を置くようにこころがけます。いずれにしても、受話器は丁寧に置きましょう。

【電話応対に活用したいフレーズ】
「少々伺いたいことがあり、ご連絡を差し上げました」
「お昼の時間にご連絡を差し上げまして、申し訳なく存じます」
「たびたびご連絡を差し上げまして、申し訳なく存じます」

プラス解説

【聞き取りにくい場合】
「お声が小さいのですが」と伝えることや、「えっ」などと言って聞き返すことがないように注意しましょう。「電波の都合からか、お電話が少々遠いようです。おそれいりますが、少々大きなお声で話していただけると幸いです」と伝えます。

2 | 電話の受け方の基本を身につけましょう

Q2 電話を受ける側の正しい心得はどれでしょうか。
（○×で答えましょう。）　※解答は別冊 P.2

1. 自分宛てではない電話に対しても、丁寧な応対をこころがける。
2. 本人が外出中の場合、行き先などの詳細は伝えない。
3. 電話のベルが5回以上鳴るまでに出れば、特におわびのことばを伝える必要はない。

ヒント　電話を受けた人は、「その家・その会社の顔である」という自覚をもって電話応対をするこころがけが大切です。電話をかける場合と同様、正しい姿勢で、明るい表情を保って、はっきりとした口調で、最後までこころを込めて話しましょう。また、メモを取ることも大切です。

電話を受ける側の心得について

●電話を受ける人はその場所の顔である

相手への配慮を忘れずに、正しいことば遣いで電話を受けましょう。

電話を受けるときの流れとことば遣いは、以下のとおりです。

電話に出る
- コール（ベル）が鳴ったら、すぐに電話に出ます。
「はい、○○でございます」
- コールが3回以上鳴ってから出る場合は、忘れずにおわびを伝えます。
〈3回以上鳴ってから出る場合〉
「お待たせいたしました。株式会社○○でございます」
〈5回以上鳴ってから出る場合〉
「大変お待たせいたしました。株式会社○○でございます」

相手を確認する
「○○様でいらっしゃいますね」「○○株式会社の○○様でいらっしゃいますね」
「おそれいりますが、お名前を伺えますか」
「おそれいりますが、どちらさまでいらっしゃいますか」

挨拶をする
「いつもお世話になっております」

本人に取り次ぐ
「○○と代わりますので、少々お待ちくださいませ」
「○○でございますね。少々お待ちくださいませ」
- 社外の人に、社内の人の名前を伝えるさいは、たとえ上司のことであっても、名前の後に役職名を付けないようにしましょう。
×「○○部長でございますね」
- 社内の人に取り次ぐ場合も、丁寧なことば遣いをこころがけましょう。
「○○部長、○○様からお電話です」
〈本人が不在の場合〉
「申し訳ございません。あいにく○○は外出しておりまして、○時ごろに戻る予定でございます」
「お待たせいたしました。申し訳ございませんが、○○はただいま席を外しております」
- 不在の理由や戻りの予定については知らせますが、行き先や用件などの詳細は伝えないようにします。

相手の意向を尋ねる
「戻りましたら、こちらからご連絡を差し上げてもよろしいでしょうか」
「ご用件を承りましょうか」「お急ぎのご用件ですか」
〈急用の場合〉
「では、○○と連絡が取れましたら、すぐに○○様へご連絡を差し上げますように申し伝えます」

相手の名前と用件を復唱し、確認する
- 5W1Hで簡潔に用件をまとめて復唱しましょう。
「（用件、電話番号など）でございますね」「○○様でいらっしゃいますね」
「念のため、電話番号を伺えますか」「復唱いたします」
- 自分の名前を告げ、どのような処置をするかを伝えます。
「かしこまりました。私、○○と申します。○○が戻りましたら、お電話を差し上げるように申し伝えます」

終了の挨拶をする
「ご連絡ありがとう存じます」「失礼いたします」「今後とも、よろしくお願いいたします」

参考

【不在の応対の例】

本人が不在で用件を伺う場合、自分宛てにかかってきた電話と同じように、丁寧に応対しましょう。
「○○は会議中でございます」「○○はほかの電話に出ております」「○○は来客中でございます」

【電話に応対できないとき】

自分宛ての電話であっても、折り返し電話をかけ直したい場合は、次のように伝えます。
「誠に申し訳なく存じますが、移動中でございますため、後ほど（○分後に）こちらからご連絡を差し上げてもよろしいでしょうか」

【電話を終了するとき】

電話は、かけた側が先に切ることが基本です。相手が切ったことを確認してから、静かに電話を切りましょう。

用語解説

【5W 1H】
- Who（だれが）
- What（何を）
- When（いつ）
- Where（どこで）
- Why（どうして）
- How（どのように）

プラス解説

【取り次ぐさいの注意】

本人が在席していても、先方が名乗らなかったり、用件が不明な場合は、取り次ぐ前に、「おそれいりますが、どのようなご用件ですか」などと尋ねることもあります。

3 手紙を出すときの形式について考えましょう

Q3 手紙を出すさいの正しい心得はどれでしょうか。
（○×で答えましょう。） ※解答は別冊 P.2

1. 目上の人に招かれて食事をごちそうになった場合は、お礼を伝えるのは、はがきでも十分である。
2. 改まって目上の人に手紙を書くさい、美しい絵の付いた便箋や封筒で差し上げるのがもっとも好ましい。
3. 電子メールは略式的な通信手段であり、相手や状況によっては失礼にあたるため、注意が必要である。

> **ヒント** 手紙は、相手が受け取るさいのことを想定して、形式（封書・はがき・電子メール）を選ぶことが大切です。

封書・はがき・電子メールの違いについて

❶どの形式を選ぶかが大切

　室町時代には、立ち居振る舞いの作法や食事の作法などと同様に、手紙についても心得が必要とされました。それらの心得は、現代でも活用できることが多く残っています。日本の伝統のこころとして大切にしたいものです。

　封書、はがき、電子メールなど、相手や状況に応じた形式を用いて、相手に失礼がないように、あるいは、相手を軽んじているような誤解を招くことのないようにこころがけましょう。

❷封書はもっとも丁寧

　封書の手紙は、特に、目上の人に差し上げるさいに適しています。だからこそ、ビジネスで、あるいは、プライベートでも上手に活用し、相手にこころを伝えましょう。

❸はがきは気軽に採り入れることができる

　はがきは、気軽に用いることのできる形式ですが、内容がだれの目にも入る可能性があるため、略式的なものといえましょう。したがって、なるべく目上の人には避けたほうが好ましいものであり、相手への依頼がある場合に用いることは、適切ではありません。また、相手の個人的なことにふれる内容の場合は、はがきではなく封書を用います。

❹電子メールは略式的な通信手段

　ビジネスでは、電子メールをなるべく簡略化して作成する傾向にありますが、それも寂しいことです。突然、本文に入るのではなく、「お世話になっております」などの一言を添えましょう。さらに、はがきと同様、内容がほかの人の目にふれるおそれがあることも考慮して送信することが重要です。

　電子メールは、便利なものではありますが、略式的な通信手段であることを忘れないようにしましょう。

参考

【白の便箋と封筒】

　改まった手紙、特に、目上の人に対しての手紙は、絵柄の入った便箋や封筒ではなく、白色で無地のものを用いましょう。

4 | 手紙の書き方の基本を身につけましょう

Q4 手紙を送るさい、好ましい心得はどれでしょう。
（○×で答えましょう。）　※解答は別冊 P.2

1. 手紙は、ボールペンで書くことが好ましい。
2. 目上の人に手紙を書くさい、本文に書き忘れてしまったことは、最後に「追伸」として書けばよい。
3. 重要な用件について連絡する場合や相手に依頼をする場合は、電子メールを送信するだけでなく、電話でその旨を伝え、確認することも大切である。

ヒント 手紙を書くさいには、筆記用具の選び方も大切です。また、書き上げたあとに付け加えたいことがある場合、「追伸」を用いても失礼にあたらないかどうかに注意しましょう。

封書・電子メールの書き方と注意

❶ 手紙を書くさいの筆記用具の選び方も重要

改まった手紙は、本章第3節の「参考」で述べたとおり、白の便箋(びんせん)と封筒を用います。さらに、筆、筆ペン、万年筆のいずれかで書くように習慣づけます。ボールペンで書かれた文字は、カジュアルな印象になると心得ましょう。

❷ 手紙は、前文、主文、末文に分けられる

手紙の構成については、次のとおりです。

前文
- 頭語(とうご)……「拝啓」「謹啓(きんけい)」「前略」など
- 挨拶文(あいさつ)…時候の挨拶、相手の繁栄や健康などを喜ぶ挨拶、日ごろの感謝など

主文
- 用件……「さて、」「つきましては、」などを用いて、前文と主文をつなぎ、用件に入ります。

末文
- 結びの挨拶
- 結語……「拝啓」に対して「敬具」、「謹啓」に対して「謹(きん)白(ばく)」、「前略」に対して「草々」など

そのほか、次のものがあります。
- 後付け…「日付」「差出人名」「宛名」「脇付け」
- 副文……「追伸」として、書き残したことや追記したいことを書きます。ただし、目上の人や改まった手紙には用いず、初めから書き直すようにします。

❸ 電子メールは相手に対する配慮が大切

たとえば、重要な用件について連絡をする場合や、相手への依頼がある場合などは、電子メールを送信するだけでなく、電話でその旨を伝えて受信されたかどうかを確認しましょう。

そのほかの注意は、本章末のコラムを参照してください。

参考

【結語】
女性の場合は、「敬具」「草々」などのかわりに「かしこ」も用います。

用語解説

【脇付け】
「机下(きか)」「御前に」など、宛名の左下に付けて敬意を表すものです。

参考

【返信ハガキのポイント】

- 出席の場合
「ご出席」の「ご」を消すだけでなく、「出席」の下に、「いたします」と添えます。さらに、余白に「おめでとう存じます」などの一言を添えてもよいでしょう。

- 欠席の場合
「ご欠席」の「ご」を消すだけでなく、「欠席」の下に「いたします」と添えます。さらに、余白に「誠に残念ではございますが、……」などの一言を添えてもよいでしょう。

- 宛名
「行(いき)」を線で消し、その下に個人名の場合は「様」、団体名の場合は「御中」と書きます。

プラス解説

【手紙の文書例】
付録①を参考にしてください。

5 お礼状の書き方を身につけましょう

Q5 お礼状の書き方について、正しいものはどれでしょう。
（○×で答えましょう。） ※解答は別冊P.2

1. お中元やお歳暮に関するお礼状は、2〜3日以内に送ることが基本である。
2. 相手宅を訪問したお礼は、電話で十分である。
3. お礼状には、はがきを用いることが好ましい。

> **ヒント** はがきは略式の手紙であると心得ます。お礼状を書くさいは、常に相手の立場で考え、早めに送りましょう。

お礼状を出すときの心得

❶お礼状も封書が好ましい

お礼状、特に、お中元やお歳暮のお礼となると、はがきを用いる人が多いように思います。部下や親しい間柄の人へのお礼状は、はがきでもよい場合がありますが、はがきは略式であるということを忘れてはなりません。

したがって、なるべく封書で差し上げる気持ちを忘れずに、状況に合せて臨機応変に対応しましょう。

❷お礼状は2～3日以内に

お中元やお歳暮などの贈答品は、宅配や郵便などで送ることも多いでしょう。このため、贈る側にとって、先方に品物が届いたかどうか心配な場合があります。

したがって、お礼状はなるべく早く送ることが好ましいのです。受け取った日のうちに書くことを習慣づけ、2～3日以内に先方へ届くようにすると心得ましょう。どうしても数日以内にお礼状を差し上げることが難しい場合は、まず、電話でお礼と受け取った旨を伝え、そのあとにお礼状を送ります。

❸感謝の気持ちが新鮮なうちにお礼状を書く

お礼状は、感謝の気持ちを込めて書くことが基本です。

感謝の思いが新鮮なうちに、気持ちをことばに託して伝えることが大切であることから、お中元やお歳暮にかぎらず、お礼状は日を空けずに書きましょう。ビジネスでのお礼状は、時機を逃してしまうと、取引に支障をきたす可能性もあります。

また、丁寧にお礼状を書こうと思うこころがけは、公私ともに忘れないようにしましょう。

相手宅を訪問した後、あるいは、品物を頂いた後にお礼状を差し上げる場合、儀礼的なことばばかりを並べたのでは、感謝の思いが届きにくくなってしまいます。

具体的に、喜びや感謝の気持ちを表現しましょう。

参考

【「ありがとう」の語源】

お礼を伝えるさいに欠かすことのできない、「ありがとう」ですが、語源をたどると、「有難し」、つまり、「有ることが難しい」という意味です。小さなことに対しても、感謝のこころを忘れず、「ありがとう」を通じてお礼を伝えたいものです。

プラス解説

【お礼の例】

● 相手宅を訪問した後

「おこころの込められたおいしいお料理や楽しい会話とともにすてきな時間を過ごすことができ、こころより感謝申し上げます」

● 品物を頂いた後

「色鮮やかで甘みが豊富なさくらんぼを頂戴いたしまして、誠にありがとう存じます」

【時間を頂いたことへのお礼】

取引先の人、あるいは、学校の先輩（就職の相談）を訪ねたさいなどは、「昨日はありがとうございました」ではなく、「このたびは、お忙しいところ、貴重なお時間を頂戴いたしまして、こころよりお礼申し上げます」と、時間を頂いたことに対するお礼も伝えます。

【手紙の文書例】

付録①を参考にしてください。

6 おわび状の書き方を身につけましょう

Q6 おわび状の書き方について、正しいものはどれでしょう。
（○×で答えましょう。）　※解答は別冊 P.2

1. 時機を逃すことなく、できるかぎり早く差し上げることが大切である。
2. 形式的なことばばかりを並べるだけではなく、素直な気持ちでおわびを伝える。
3. どのような場合でも、おわび状は、できるかぎり細かく、それまでの経緯や状況を伝えることが重要である。

ヒント　おわびのさい、詳細を伝えることは、言い訳がましく、自己弁護にとられてしまうときもあります。注意しなければなりません。

おわび状を出すときの心得

❶おわび状を書く前に

　本来、おわびは直接お目にかかって伝えることが望ましいですが、相手が忙しい場合、あるいは、お目にかかることによって、さらに状況の悪化が懸念(けねん)される場合、まずは、手紙を用いるほうがよいケースもあります。

　それには、まず、自分の気持ちを落ち着かせて、反省すべき点をしっかりと考えましょう。気持ちを整理しながらおわびを伝えられるところが、手紙のよい点ともいえます。素直なこころをもって筆を取ることが大切です。

❷おわび状を書くさいのポイント

　おわび状は、誤解が生じることがないように、通常の手紙と比べてさらにこころを配ることが重要です。そのためにも、次のポイントをふまえて書きましょう。

おわび状の出し方

できるかぎり早く差し上げる
　ビジネスに関するおわびは、時機を逃すことによって、取引に支障をきたすおそれもあると心得ておく必要があります。

なるべく、はがきは避けて封書で差し上げる
　こころにゆとりをもって手紙を書くようにこころがけます。

経緯や状況に関しては簡潔にまとめる
　自分の気持ちをわかってほしいからと、状況を細部にわたって説明することは、かえって自己弁護の印象を与えてしまうことがあります。

手紙を読み返して確認する
　特に、ビジネスでのおわび状に関して、事実を伝えることは大切です。しかしながら、相手や周囲の人に責任転嫁していると受け取られてしまう表現がないかどうかは、必ず確認しましょう。

ミスを素直に認め、自分のことばで表現する
　誤解を招いてはいけないということばかりに重点を置くと、形式的な表現が並び、気持ちが伝わりにくくなってしまいます。

結びの挨拶(あいさつ)にもおわびのことばを添えて、気持ちを伝える

　なお、早急におわびを伝えなければならない場合、まず、電話で用件を知らせ、その後に手紙を差し上げることもあります。

参考

【おわび状に用いられる表現】

「すみません」や「失礼いたしました」はおわびの気持ちが浅い印象を与えることがあります。
「申し訳なく存じます」「こころよりおわび申し上げます」「深く反省しております」など、丁寧な表現を用いることをお勧めします。

プラス解説

【クレームに関するおわび状】

　必ず、相手から伝えられた内容が不当ではないかどうかを判断します。
　こちらに原因がある場合は、少々相手に非があったとしても、それを責めるのではなく、まず、おわびを伝えることが重要です。

【手紙の文書例】

　付録①を参考にしてください。

7 | 好ましい年賀状について考えましょう

Q7 年賀状の書き方について、正しいものはどれでしょう。
（○×で答えましょう。）※解答は別冊P.2

1. 年賀状の日付は、「元旦(がんたん)」とするのが好ましい。
2. 年賀状は、1月3日までに出すことが基本である。
3. 文章が印刷された年賀状を用いる場合、一言でも手書きのことばを添えることが好ましい。

ヒント 年賀状は、はがきを用いることが多いため、相手への配慮を忘れずに差し上げたいものです。送る期間などにも注意が必要です。

年賀状を書くということ

❶年賀状を書くにあたって

封書の手紙と同様に、はがきのベースとなる色は白です。さらに、筆または筆ペンで書くように努めます。

文章が印刷されたはがきの場合には、万年筆でもよいですから、手書きのことばを一言でも添えるようにこころがけましょう。なぜなら、直筆の文字があることによって、年賀状に温かみが感じられるからです。しばらく会っていない人に対しても、久し振りに連絡を取りたいと思うきっかけをつくってくれることもあるのです。

昨今は、昔と比べて手紙を書くことが少なくなっていますが、年賀状を活用して、周囲の人との縁を深めたいものです。

❷年賀状の日付の入れ方

「元旦」は「元日の早朝」を意味するため、元日以降に届く年賀状に「元旦」を用いることは、本来の意味からすると誤っています。したがって、年賀状を印刷する場合は、日付のみを手書きにすることをお勧めします。

❸年賀状に用いる祝いのことば（賀詞）

目上の人に対する年賀状に好ましい賀詞
- 謹賀新年……「謹んで新年をお祝い申し上げます」という意味
- 恭賀新年……「恭しく新年をお祝い申し上げます」という意味

そのほかの賀詞
- 賀正……「正月を祝う」という意味
- 賀春……「新年を祝う」という意味
- 頌春……「新年をたたえる」という意味
- 迎春……「新年を迎える」という意味

はがきという、かぎられたスペースに用いる年頭の挨拶のことばだからこそ、吟味して選びたいものです。

参考

【年賀状を届ける期間】
年賀状は、先方へ元日（1月1日）から松の内（1月7日）までに届くようにしましょう。

【喪中の場合】
一般的には、12月上旬までに、以下のような文面の年賀状欠礼の挨拶状を送ります。
「喪中につき（亡父の喪中につき）、年末年始のご挨拶ご遠慮申し上げます」
「本年中に賜りましたご厚情に深謝いたしますとともに、明年も変わらぬご交誼のほどをこころよりお願い申し上げます」

【松の内を過ぎてからの挨拶状】
年賀状を差し上げていない人から年賀状を頂き、1月7日を過ぎてしまった場合は、「寒中見舞い」として返信しましょう。
また、先方が、こちらが喪中であることを知らずに年賀状をくださった場合も、「寒中見舞い」として返信します。

第4章 理解度チェック

Q1 電話応対について正しいものをすべて選び、記号に○を付けなさい。

ア．社外の人に社内の人の名前を伝えるさいは、たとえ上司のことであっても、名前の後に役職名を付けない。
イ．本人が不在の場合、行き先や戻りの予定など詳細を知らせる。
ウ．用件が不明な場合は、取り次ぐ前に、「おそれいりますが、どのようなご用件ですか」などと尋ねる。
エ．声が聞き取りにくい場合は、「お声が小さいのですが」などと丁寧に伝える。
オ．電話を終了するときは、受けた側が先に切るのが基本である。

Q2 手紙について、（　）の中にあてはまるもっとも適切な語句を記入し、表を完成させなさい。

構成	内容
前文	（　　）と（　　）で構成される。
（　　）	「さて、」などを用いて前文とつなぎ、（　　）に入る。
（　　）	結びの挨拶と（　　）で構成される。
後付け	（　　）、（　　）、（　　）、脇付けで構成される。
副文	（　　）として、書き残したことや追記したいことを書く。

第4章　電話・手紙の作法を身につけましょう

※解答・解説は別冊（P.8～10）

Q3 結婚式の招待状に返信するさい、❶出席、❷欠席、それぞれの場合の書き方を記入しなさい。

❶出席の場合

御出席
御欠席
御住所
御芳名

❷欠席の場合

御出席
御欠席
御住所
御芳名

Q4 （　　）の中にあてはまるもっとも適切な語句を語群から選び、記入しなさい。

ア．おわび状に用いる表現として、「すみません」や「①（　　　　）」はおわびの気持ちが浅い印象を与える。「②（　　　　）」「深く反省しております」などが丁寧な表現である。

イ．年賀状は、1月1日から③（　　　　）までに先方に届くように出す。なお、元旦は、④（　　　　）を意味するため、年賀状を印刷する場合は、⑤（　　　　）のみを手書きにするとよい。

〈語群〉

失礼いたしました　申し訳なく存じます　元日の早朝　1月7日
1月10日　新年　日付　曜日

column

電子メールで必要な配慮

　電子メールは、瞬時に相手へ送信することが可能なだけに、受け取る側に失礼と感じられるような誤解を与えないよう、配慮が大切です。

　相手の名前・社名、内容に誤字・脱字がないか、あるいは、送信先が間違っていないかなどを確認します。そのほか、相手が読みやすいように、1行33～35文字以内にとどめます。

　さらに、携帯電話の電子メールの場合、着信音が鳴るように設定している人がいることを忘れてはなりません。パソコンの受信メールが携帯電話へ転送されていることも考えられますので、送信時刻に注意しないと、失礼にあたる場合があります。

　緊急を除いて、「電話をかけてよい時間帯（午前9時ごろ～午後10時ごろ）」を基本に送信するようにこころがけましょう。

第5章

食事の作法を身につけましょう

1 日本料理の基本を学びましょう

Q1 日本料理の種類について、正しいものはどれでしょう。
（○×で答えましょう。）　※解答は別冊 P.2

1. 本膳（ほんぜん）料理は、一汁三菜（いちじゅうさんさい）が基本である。
2. 懐石（かいせき）料理とは、目にも鮮やかな豪華な食事のことである。
3. 会席料理では、まず、料理とお酒を楽しみ、ご飯と汁は後に出される。

ヒント　昔、禅僧の食事は、朝と昼の2食だけだったので、夜は焼いた石を布で巻き、懐（ふところ）に抱いて空腹をしのいでいました。それに由来し、「懐石」の2文字には、「懐に抱いた温かい石程度に、お腹を温める軽い食事」という意味が込められています。

日本料理の種類について

●日本料理は、素材を楽しみ、季節感も味わうことができる

　日本料理は、大きく分けて、本膳料理、懐石料理、会席料理、精進料理があります。基本的な知識を身につけましょう。

本膳料理

　本膳料理は、室町時代に形式が整えられました。ご飯、汁物、3種類のおかず（刺身、煮物、焼き物）で構成する一汁三菜が基本です。

懐石料理

　懐石料理は、茶席でお茶が点てられる前にとる、空腹をしのぐ程度の軽い食事が基本です。もとは、禅宗の僧が抹茶と一緒にとっていたものが、茶道とともに、千利休によって形式が整えられたといわれています。一汁三菜が基本で、そのほかに、強肴（焚き合わせや和え物などの酒の肴）、箸洗い（口の中をさっぱりと清めるための吸い物）、八寸（杉盆に盛られた酒の肴）があり、最後に濃茶と薄茶が振る舞われます。

会席料理

　会席料理は、江戸時代、俳諧の席で出されたことが始まりといわれています。一汁三菜が基本です。本膳料理のように最初から料理が並べられている場合や、（本来のものではない）懐石料理のように一品ずつ出される場合など、形式は定まっていません。お酒が先に出され、料理とお酒を楽しんでから、ご飯と汁が出されます。

精進料理

　精進料理は、野菜、海藻、穀物で作られ、肉や魚は用いられません。鎌倉時代に曹洞宗の開祖である道元禅師によって形作られたといわれ、現代でも、いくつかの禅宗の寺で食べることができます。また、江戸時代に、中国式の精進料理として普茶料理が伝来しました。大皿に盛られているものを、各自が受皿に取って食べる形式は、当時、銘々膳の習慣があった日本ではめずらしいものでした。

参考

【本膳料理の数】

　一汁三菜に、お客様や状況に応じて、一汁二菜ずつ加えていきます。つまり、二汁五菜、三汁七菜……と増えていきます。

用語解説

【千利休】

　大永2（1522）年〜天正19（1591）年、戦国時代、安土桃山時代の茶人です。

参考

【日本料理店での「懐石料理」】

　多くのものが、料理の内容は会席料理で、出し方のみが懐石風といえましょう。本来、料理を一品ずつ出す形式は、懐石料理とは呼ばないのです。

用語解説

【道元禅師】

　正治2（1200）年〜建長5（1253）年、鎌倉時代の仏僧であり、曹洞宗の開祖です。

【普茶料理】

　江戸時代、中国から禅宗の1つである黄檗宗が伝わるさいに、一緒に伝わった中国式の精進料理です。

【銘々膳】

　一人ずつ料理が膳に載せられて出されることを銘々膳といいます。昔は、社会的地位に関係なく、だれもが銘々膳で食事をしました。「蝶足膳」「折敷」「丸折敷」「半月膳」など、数多くの種類があります。

2 | 日本料理の基本マナーを身につけましょう

Q2 日本料理を食べるさいに、大切な心得はどれでしょう。
（○×で答えましょう。）　※解答は別冊 P.2

1. 煮汁のあるものを食べるさい、手を受け皿代わりにすることは好ましくない。
2. 醤油皿は取り上げず、置いたままの状態で用いるのがよい。
3. 食べ物を歯で噛み切るさい、歯型を残さないようにする。

> **ヒント**　汁が垂れないようにと、前かがみになることや、あいている側の手を受皿代わりにすることは、好ましくありません。

日本料理のマナー

❶相手に合わせるこころ遣い

「貴人を見合わせて喰うべし」………これは、小笠原流の伝書に説かれている、食事についての教えの1つです。同席者のペースに合わせて食事を進めることが大切だということです。

話に夢中になり、自分だけ食事のペースが遅くなることや、周囲への配慮が足りない話題を取り上げることなどがないようにしましょう。

お互いに相手への思いやりなくして、心地よい空間を保つことは難しいのです。食事のマナーにも、「察するこころ」が欠かせません。

❷食事の前にこころがけること

- 身だしなみを整える。
- ※つめを切る、香水は控えめにする、髪型を整える、口紅が箸に付かないように紙で押さえておくなどに注意します。
- 約束の時間に遅れないように注意する。
- 同席者とは、席に着く前に挨拶を交わす。
- おしぼりで顔を拭くことは避ける。
- 和室の場合、乾杯が済むまでは、なるべく正座をこころがける。

煮汁のあるものや、醤油・つゆを付ける料理の食べ方

醤油皿や、揚げ物のつゆが入っている器など、汁が垂れる可能性がある場合は、器を手に持って、あるいは、懐紙で受けて食べます。

歯形を残さない食べ方

いかなど、箸で一口大にすることが難しい食材は、歯で噛み切ります。そのさい、左右も二口ほど噛み、歯型がくっきりと残らないように注意します。

参考
【椀の蓋の開け方・閉め方】

以下、右ききの場合です。左ききの場合は反対の手で行います。

● 蓋の開け方

❶ 左手で椀を押さえ、右手で蓋の糸底を持ちます。

❷ 手前から向こう側に、さらに、椀の縁に沿って半円を描くように蓋を手前に回します。

❸ 左手を縁に添え、糸底を下にして置きます。
※蓋をうつ伏せにすることは避けましょう。

● 蓋の閉め方
❶ 右手で蓋を取り上げます。
❷ 糸底を持ち、向こう側をつけてから手前に閉めます。

【懐紙を携帯する】

懐紙は、二つ折りの和紙です。受皿代わりのほか、箸先や指先の汚れを拭いたり、魚の骨を包んだり、果物の種を出すときに口元を隠したりするものです。日常から携帯すると便利です。

3 正しい箸の使い方を身につけましょう

Q3 箸の使い方について、正しいものはどれでしょう。
（○×で答えましょう。）※解答は別冊 P.2

1. 箸を使うとき、動かすのは上の箸だけで、下の箸は固定したままにする。
2. フォーマルな席ではないときは、箸を器の上に渡すようにかけて、箸を休ませてもよい。
3. どのようなときでも、箸先を相手に向けることは慎まなくてはならない。

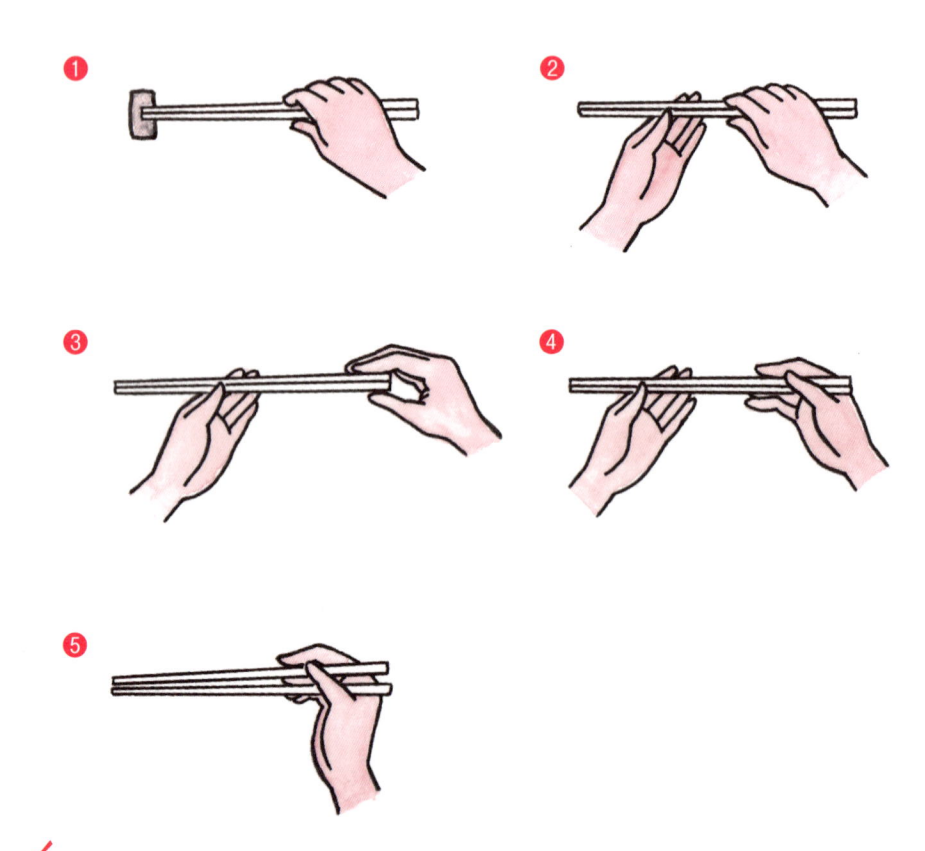

❶

❷

❸

❹

❺

ヒント 食事中は、嫌い箸にならないように注意しましょう。参考までに、正しい箸の取り上げ方は、以下のとおりです（右ききの場合です。左ききの場合は反対の手で行います）。
❶右手で箸を取り上げ、すぐに左手で下から支えます。
❷左手はそのままで、右手は箸から離さないようにしながら箸頭へと動かし、下に回して持ちます。
❸左手を離し、しっかりと右手で持ちます。

正しい箸遣いについて

❶日本料理に欠かすことができない箸遣いのマナー

「箸に始まり、箸に終わる」ということばがあります。正しい箸遣いは、見た目の美しさだけでなく、合理的であり、さらには、食事に対する感謝の気持ちを表現することができるのです。

なお、行ってはいけない箸遣いを、「嫌い箸」といいます。嫌い箸の代表的なものは、次のとおりです。

行ってはいけない箸遣い（嫌い箸）

渡し箸（わた）	器の上に箸をかけて休ませる。
刺し箸（さ）	食べ物を箸で刺して食べる。
指し箸（さ）	人や物を箸で指し示す。
涙箸（なみだ）	箸先からつゆを垂らす。
拾い箸（渡し箸）（ひろ）	箸から箸へと食べ物を渡す。
寄せ箸（よ）	箸で器を引き寄せる。
舐り箸（ねぶ）	箸先をなめる。
探り箸（さぐ）	盛り付けを崩し、食べたいものを下から取る。
移り箸（うつ）	箸を付けた物を食べず、ほかの物へと箸を移す。

❷器を手に持って食べるとき

まず、器を持ってから箸を取り上げます。器と箸を同時に取り上げることは、嫌い箸の1つですので、注意しましょう。器と箸の扱い方は、次のとおりです。

❶器を取り上げ、左の手のひらに載せて、しっかりと持ちます。
❷右手で箸を取り、左手の人差し指と中指の間にはさみます。
❸右手を箸から離さないようにしながら箸頭へと動かし、下に回して持ちます。
❹左手を箸から外し、器をしっかりと持ちます。
※右ききの場合です。左ききの場合は反対の手で行います。

参考

【正しい箸の持ち方】

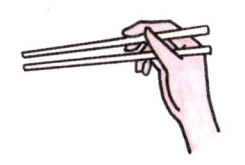

❶箸先から3分の2あたりのところを持ちます。

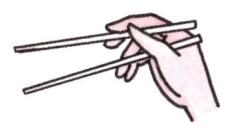

❷上の箸は、人差し指と中指ではさみ、親指で支えます。下の箸は、親指と人差し指の付け根にはさみ、薬指で支えて固定します。

【箸の種類】

箸は、何度も使用できる塗り箸などよりも、1回限りとされる木製のもののほうが、格が高いともいわれています。木製の箸にも、正月に使用されることの多い柳の丸箸（柳箸）をはじめ、いくつか種類があります。用途に応じて、箸を使い分けましょう。

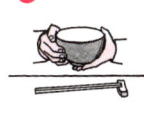

4 | 西洋料理の基本マナーを身につけましょう

Q4 西洋料理のマナーについて、正しいものはどれでしょう。
（○×で答えましょう。）※解答は別冊P.2

1. 荷物はなるべく預け、大きな物を席へ持っていかないようにする。
2. 店の人に案内されて席に着くさい、男性が女性の前を歩かないようにこころがける。
3. ナプキンは汚してもよいものなので、口紅がしっかり付いてもかまわない。

ヒント 席に着くときは女性が優先です。男性が女性の前を歩いて案内される光景は美しくありません。また、女性は食事の前に口紅を紙で押さえておきましょう。

席に着くまでとナプキンに関する心得

❶席に着く前にこころがけること

　レストランで、大きな荷物を持って席に着くことは、スマートではありません。荷物は最小限度にとどめ、必要のないものはクロークに預けます。また、席に着くときは女性が優先です。

❷席に着くときにこころがけること

　店の人が椅子を引いてくれない場合は、男性が椅子を引いて女性をエスコートします。

　また、壁を背にする席が上座とされています。女性に対して、あるいは、ビジネスの席では、上司に対して、奥の席を勧めることが基本です。

　椅子の出入りは、左側が基本です。このマナーを守ることにより、乾杯で立ち上がるさいに隣の人とぶつかってしまうのを防ぐこともできます。

　手荷物は、小さな物でもテーブルに置くことは控えます。サービスの邪魔にならないように気をつけ、ハンドバッグなどの手荷物は、右側の足元（右側からサービスされる場合は、左側の足元）に置きます。

❸ナプキンの扱い方

　ナプキンは、オーダーを終えてから、膝の上に、二つ折りで輪が手前になるように置くのが基本です。

　また、ナプキンは汚してもよいものです。ハンカチやティッシュペーパーを用いて、口元や指先の汚れを拭うことはしません。しかしながら、口紅の跡がくっきり残るようなことは避けましょう。女性の場合、日本料理と同様に、西洋料理でも、あらかじめ口紅を押さえておくことは、食事のマナーの最低限の心得です。

　中座するさいは、軽くたたんで椅子の上に置きます。退席するさいは、軽くたたんでテーブルの上に置きます。

用語解説

【上座・下座】

　上座とは、その席において高い位置とみなし、目上の人やお客様が座る席のことです。

　下座とは、その席において低い位置とみなし、目下の人やもてなす側が座る席のことです。

参考

【手荷物が小さいとき】

　通常よりも小型のハンドバックは、椅子の背もたれと腰との間に置きます。または、膝の上に載せ、その上にナプキンを掛けます。

【食事中の姿勢】

　日本料理と同様に、西洋料理に関しても、食事中の姿勢には気をつけます。テーブルと体の距離はこぶし1つ分程度に空け、前かがみにならないように注意します。

　なお、髪の毛に指がふれると不潔な印象に映るので、さわらないように注意しましょう。

5 | 西洋料理のマナーを身につけましょう

Q5 西洋料理のテーブルマナーについて、正しいものはどれでしょう。
（○×で答えましょう。）※解答は別冊 P.2

1. ライスはフォークの背に載せて食べる。
2. 食事中は、皿の中でナイフとフォークがハの字になるように置く。
3. 肉は最初からすべて切り分けてしまうのではなく、一口ずつ切って食べる。

ヒント ライスや豆類などの細かいものは、無理にフォークの背に押し付けるのではなく、フォークの腹に載せて食べます。食べ物をこぼさずに、食事を進めることができます。

西洋料理を食べるときの注意点について

●カトラリーの種類と扱い方

カトラリーとは、ナイフ、フォーク、スプーンなどのことです。フォークレストは、カトラリーを並べる箸置き（はし）のようなものです。

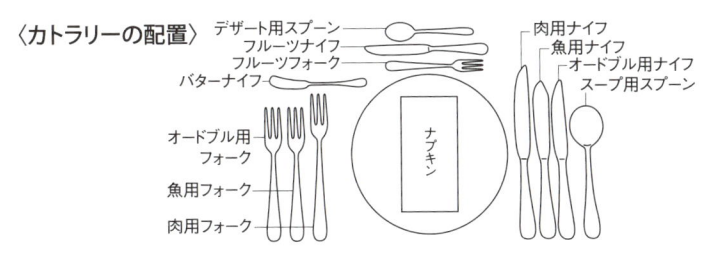

〈カトラリーの配置〉

正式なフランス料理では、料理のたびに新しいナイフとフォークが並べられますが、最近はフォークレストを用い、同じフォークとナイフで食事を進めることもあります。

食べ物をフォークの腹に載せるときは、ナイフを動かさず壁のようにして、フォークを寄せていくようにすると、細かいものが取りやすいでしょう。

食事中に手を休める場合は、ナイフとフォークを、**皿の中でハの字**になるように置きます（❶）。このとき、ナイフの刃が外側を向かないように注意します。

ナイフとフォークを平行にそろえて、皿の中で斜め右に置くと食事が終了した合図になります。これは、フランス式です（❷）。ナイフとフォークを縦に置くイギリス式もありますが（❸）、日本では、フランス式が主に用いられています。

参考

【ソーススプーン】

ナイフのように用いるほか、料理を切った後に、スプーンのように持ち替え、料理とソースを一緒に取ることもあります。

【食事中の心得】

●スープの飲み方

スープを飲むさい、すするような音を立ててはいけません。スープは多くすくわずに、スプーンを傾けて口の中へ入れましょう。このようにすることで、前かがみになるのを防ぐこともできます。

●パンの食べ方

パンは一口大にちぎり、両手で持たないようにします。残りのパンを皿に戻してから、ちぎったほうを食べます。

●魚料理・肉料理の食べ方

どちらも初めにすべてを切り分けず、左側から一口大に切って食べていきます。料理の味を損なうことにもつながるので、最初にすべて切ってしまうことは避けます。

【フィンガーボールの扱い方】

手で食べてもよい料理に、フィンガーボールが出る場合があります。汚れた指先は、両手ではなく、片手ずつフィンガーボールに入れて使用します。

6 | アルコール類に関する心得を学びましょう

Q6 アルコール類を飲むさい、正しい心得はどれでしょう。
（○×で答えましょう。） ※解答は別冊 P.2

1. 日本酒をつがれるさい、盃（さかずき）を膳（ぜん）やテーブルの上に置いたまま受けるのは失礼である。
2. ワインをつがれるさい、ワイングラスを手に持って受けるのが好ましい。
3. 乾杯のさいは、グラスや盃をぶつけ合うことが基本である。

ヒント 体質でお酒が飲めないこともありますので、無理をする必要はありませんが、乾杯をするさいは、盃やグラスに口をつける程度のこころ遣いを忘れてはなりません。さらに、グラスのなかには繊細なものがあるため、フォーマルな席などでは、グラス同士をぶつけて乾杯しないように注意しましょう。

アルコール類に関する心得と注意

❶日本酒に関する心得

　乾杯のさい、盃を手に取ってからお酌（お酒をつがれること）を受けます。

　食事中にお酌を受ける場合は、箸や器を置いてから、盃を取り上げましょう。これ以上、お酒が飲めないという場合は、盃の上に軽く手をかざして合図をします。

　お酌をするさいは、相手が盃を取ってからお酒をつぎます。お酒は、最初と最後を少なめに盃の中へつぐようにすると、こぼさずにすみます。そのさい、つぐお酒の量は、盃の7分目程度と心得ましょう。

　また、相手が盃に手をかざしているにもかかわらず、無理にお酌をすることは、作法に反する行為です。

❷ワインに関する心得

　ワインは、お酒とは異なり、グラスを置いたままで、ワインが注がれるのを待つことが基本です。また、乾杯のさい、グラス同士をぶつけると、繊細なグラスは割れるおそれがありますので避けましょう（右下のような種類があります）。

　日本料理の席でも同様ですが、口紅は、あらかじめ紙で押さえておき、グラスに口紅の跡が残らないように注意します。無理に口紅の跡を拭き取ろうとすると、割れてしまうおそれがあることも覚えておきましょう。

　また、油分の多い料理を食べた後も、跡が残らないように、ナプキンで口元を拭ってからグラスに口を付けるという心得が大切です。

　これ以上、ワインが飲めないという場合は、グラスに軽く手をかざして、「結構です」と声に出して断ってもかまいません。

　カジュアルな席では、店の人ではなく、同席者の間でワインをつぐこともあります。そのさい、男性が女性に注ぐことも、心得の1つです。

参考

【グラスの持ち方】
● ブランデーなど
　体温を伝わらせることにより香りを楽しむアルコール類は、手のひらでグラスを包み込むようにして持ちます。

● シャンパンや白ワインなど
　手のぬくもりがお酒に伝わらないように、グラスの柄を持ちましょう。

【中華料理でのアルコール】
　中国の代表的なお酒である老酒は、紹興酒とも呼ばれています（正しくは、紹興市で作られた老酒のみを紹興酒といいます）。氷砂糖を入れて飲むことがありますが、本来は入れないため、上質のものには用いないと心得ましょう。

【お酒が飲めない人】
　お酒をつがれるさい、「少しで結構です」あるいは「結構です」と伝えてもよいですが、その場合には、優しい表情で会釈程度の挨拶をこころがけたいものです。

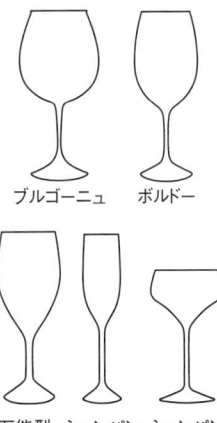

ブルゴーニュ　ボルドー

万能型　シャンパンフルート型　シャンパンソーサー型

7 | 立食パーティーでの振る舞いを身につけましょう

Q7 立食パーティーでの正しい心得はどれでしょうか。
（○×で答えましょう。） ※解答は別冊 P.2

1. 何度も料理を取りに行かなくてもすむように、2皿に取って食べるとよい。
2. 立食パーティーでは、料理を多めに取って残してもかまわない。
3. かぎられた数の椅子は、高齢者や体の不自由な人が使うものと心得る。

> **ヒント** 立食パーティーは着席ではないため、自由に会場内を歩くことができますが、自分勝手な行動は慎まなければなりません。椅子があるさいは、独占して座ることのないように注意しましょう。

立食パーティーでの心得

　立食パーティーでは、自由に行動でき、好きな料理を取ることができます。だからといって、食べることばかりに専念してしまうのではなく、多くの人とコミュニケーションをとるようにこころがけましょう。会場を自由に移動できるだけに、知人を別の知人に紹介するよい機会でもあります。

　一人で立食パーティーに出席する場合、着席形式のパーティーと異なり、会場内に居づらいこともあるでしょう。その場合、「はじめまして」などと、こちらから周囲の人に話しかける勇気をもつことも大切です。また、一人で居づらいような人を見かけた場合は、率先して話しかけることもよいでしょう。

　なお、スピーチなどがあるさいには、歓談中であっても会話を中断して、スピーチのほうに目を向けたり、耳を傾けることが当然です。

❶料理の取り方と食べ方

　立食パーティーでは、一皿ずつ、食べられるだけの分量を取るようにこころがけます。

　料理を食べる順番は、フルコースと同様にすることが基本です。したがって、オードブルから食べ始めることが好ましいのです（デザートから取り始めることがないようにします）。

　冷たい料理と温かい料理、汁気のあるものと汁気のないものを、同じ皿に取らないようにします。

❷グラスと皿の持ち方

　無理にグラスと皿を片手に持つことは落とす危険があり、避けたいものです。右手にグラスを持ち、左手に皿とフォーク（箸）を持ちましょう（ただし、海外では、右手は握手ができるようにあけ、グラスも皿と同じ左手に持つことがあります）。

　また、会場内が混雑している場合、飲み物や料理がこぼれてほかの人に迷惑をかけないようにしましょう。特に、移動している間は、注意を忘れないことです。

参考

【手荷物の扱い】

　立食パーティーの席では、両手をあけている状態にしておくことが理想です。したがって、大きな荷物はクロークへ預け、貴重品は、ショルダーバッグまたは腕にかけられるタイプのバッグで携帯しましょう。

【料理の取り方の注意】

- 一度にたくさんの料理を取らない。
- 同じ料理ばかりを取らない。
- ２つ以上の皿を持ち歩かない。
- 料理を取っている人の横から無理に料理を取ることは避ける。
- 料理の前をいつまでも占領しない（メインテーブルで食事をしない）。

【料理の食べ方の注意】

- 歩きながら飲食をしない。
- 椅子の数がかぎられている場合、いつまでも独占して座らない（基本的に、高齢者や体の不自由な人の優先席と心得る）。
- 使用した皿やグラス類を、メインテーブルに置かず、サイドテーブルの邪魔にならないところに置く。

第5章 理解度チェック

Q1 日本料理の種類について、次の❶〜❹を説明している文章をア〜エから選び、線で結びなさい。

❶本膳料理（ほんぜん）・　　・ア．お酒が先に出されて料理とお酒を楽しんでから、ご飯と汁が出される。

❷懐石料理（かいせき）・　　・イ．一汁三菜（汁物・ご飯・3種類のおかず）が基本であり、場合によって一汁二菜ずつ加えられる。

❸会席料理・　　・ウ．肉や魚は用いられず、野菜、海藻、穀物で作られる。

❹精進料理（しょうじん）・　　・エ．茶席でお茶が点てられる前にとる軽い食事である。

Q2 箸の持ち方について、（　）の中にあてはまるもっとも適切な語句・数値を記入しなさい。　　※同じ語句を使ってもよい。

ア．箸先から①（　　　）あたりのところを持つ。
イ．上の箸は、②（　　　）と③（　　　）ではさみ、親指で支える。
ウ．下の箸は、④（　　　）と⑤（　　　）の付け根にはさみ、薬指で支えて⑥（　　　）する。

Q3 西洋料理のマナーについて、（　）の中にあてはまるもっとも適切な語句を記入しなさい。

ア．レストランでは、①（　　　）は席へ持っていかずに、クロークに預ける。
イ．椅子の出入りは、②（　　　）が基本である。
ウ．テーブルと体との距離は、③（　　　）程度開ける。
エ．ナプキンは、中座するさいには軽くたたんで④（　　　）の上に置き、退座するさいには軽くたたんで⑤（　　　）の上に置く。

第 5 章 食事の作法を身につけましょう

※解答・解説は別冊（P.10 〜 12）

Q4 西洋料理のマナーについて正しいものをすべて選び、記号に○を付けなさい。

ア．フォークを用いて細かいものを食べるときは、フォークの背に載せて食べる。
イ．スープは音をたてずに飲む。
ウ．パンはちぎらずにかじって食べる。
エ．食事中に手を休めるときは、ナイフとフォークを皿の中でハの字に置く。
オ．皿の上にナイフを置くときは、ナイフの刃が外側を向くようにするとよい。

Q5 アルコール類をつがれるさい、❶日本酒、❷ワインそれぞれの注意点をあげなさい。

❶日本酒

_____

_____

❷ワイン

_____

_____

Q6 立食パーティーでの振る舞いについて、（　　　）の中にあてはまるもっとも適切な語句を語群から選び、記入しなさい。

ア．料理は①（　　　　）ずつ取る。取る順番は、フルコースと基本的に同様であり、②（　　　　）から食べ始めることが基本である。
イ．グラスと皿は片手に持たないようにする。右手に③（　　　　）を持ち、左手に④（　　　　）と⑤（　　　　）を持つ。
ウ．使用した皿は、⑥（　　　　）ではなく、⑦（　　　　）などに置く。

〈語群〉

皿　フォーク　グラス　ハンドバッグ　一皿　好きな枚数　メイン料理
オードブル　メインテーブル　サイドテーブル　クローク　椅子（いす）

79

column

中華料理の基本マナー

中華料理について、円卓での基本マナーを身につけましょう。

● **料理の取り方**

主賓（もっとも格の高いお客様）が料理を取った後、順に、自分の皿に料理を取り分けます（基本は時計回りです）。各料理は、全員に行きわたるよう、考えながら取りましょう。立って料理を取ったり、ほかの人に料理を取って渡すことはしません。

● **食事の進め方**

醤油(しょうゆ)・酢などの調味料は、各自の小皿に入れます。また、スープ・麺(めん)類・点心は、散(ち)り蓮華(れんげ)を用いて食べます。回転卓を回すときは、周囲への配慮が大切です。ほかの人がお酒や調味料などを取っているところではないか、あるいは、取り箸(ばし)の先が回転卓から出ていないか確認します。また、反対に回さないように注意します（最初が時計回りであれば、毎回、時計回りに回します）。なお、使用した皿を回転卓に置くことは失礼であると心得ます。

第6章 訪問・招待の心得を学びましょう

1 自宅に招待されたときについて考えましょう

Q1 相手の自宅へ招かれたさい、正しい心得はどれでしょう。
（○×で答えましょう。）※解答は別冊P.3

1. 自宅への訪問は、基本的に子どもを連れて行ってもよい。
2. 自宅を訪問する場合は、約束の時間よりも早く到着することは失礼である。
3. 約束から日が経ってから訪問する場合、前日までに、約束の日時を確認する。

> **ヒント** 相手宅の人に、「なるべく迷惑がかからないように」という気持ちを忘れずに訪問することが大切です。

相手の自宅を訪問する場合の心得

❶ 訪問の前の心得

招待の連絡を受けてからしばらく経って訪問する場合は、約束の日時に間違えがないかどうかを確認するためにも、数日前から前日までの間に連絡をしましょう。

また、特に、目上の人を訪ねる場合は、清潔感のある服装をこころがけます。決して、素足で伺うことがないように注意します。

女性の場合は、胸元の開いているものや短いスカート丈のものは避けます。

❷ 約束の時刻前には到着しないこと

食事に招かれている場合は別ですが、基本的に、訪問時刻は、午前10～11時、午後2～4時が、相手に迷惑ではない時間帯と心得ましょう。

相手宅の人は、約束の時刻前まで、もてなしの準備をしている可能性があることを心得ておくことも大切です。

したがって、自宅へ伺う場合は、約束の時刻から2～3分の遅れを目安に訪れましょう。ただし、5分以上は遅れないようにします。

❸ 事前に先方の都合を伺うこと

訪ねる先が、だれであっても、事前に先方の都合を伺うことは当然ですが、そのさいに、訪問の目的を伝えることも重要です。挨拶(あいさつ)だけで失礼するのか、もしくは、相談があって1時間程度の時間をいただきたいのか、ある程度のことは伝えておきましょう。また、目上の人の自宅へ、お礼などの挨拶に伺う場合は、手紙でその旨を伝えてから、電話で連絡を差し上げることが丁寧です。

突然の訪問は、なるべく避けるべきです。やむを得ない場合でも、電話で連絡をしてから伺うことは忘れてはなりません。

> **参考**
> 【子ども連れについて】
> 赤ちゃんの場合は、いつぐずってしまうかわかりません。また、幼い子どもの場合は、室内を動き回って、うっかり装飾品を壊してしまうおそれもあるのです。
> したがって、特に、目上の人の自宅を訪れるさいは、なるべく子どもを連れていくことは避けたほうがよいのです。やむを得ず、連れて行かなくてはならない場合は、先方へあらかじめその旨を連絡しておきます。子ども連れのさいは、迷惑とならないためにも、訪問時間を短くしましょう。

2 訪問時のおみやげの選び方を考えましょう

Q2 おみやげの選び方として、正しい心得はどれでしょう。
（○×で答えましょう。） ※解答は別冊 P.3

1. 日常の会話を通じて、相手の好みの品を理解しておくとよい。
2. おみやげは、相手宅の近所ではなるべく購入しないほうがよい。
3. 差し上げる品物の個数は、多いほうが喜ばれるものである。

> **ヒント** 品数は、家族構成を考えて差し上げること好ましいものです。人数の少ない家庭に数多く差し上げることは、かえって相手の負担になりかねません。

おみやげの選び方・買い方の心得

❶相手の好みを知る

訪問のさいは、相手の好みに合うおみやげを持参したいものです。そのためにも、日ごろの会話のなかで、相手の好きな物が何であるかを理解しておくとよいでしょう。

❷品物の数は多ければよいというものではない

たとえば、相手の家族が数名の場合、消費期限の短いものをたくさん差し上げたのでは、かえって相手の負担になりかねません。

小笠原流の伝書には、「初物（はつもの）などを数多く進上しては、初物というしるしなし」と説かれています。つまり、量よりも、希少価値のある物を贈るこころ遣いが、大切であるということです。

数多く差し上げたのでは、その価値が低くなってしまいます。品選びはもちろんのこと、さりげなく、相手に喜んでいただける数で、おみやげを持参したいものです。

❸相手宅の近辺でおみやげを買うことは避ける

相手宅近辺でのおみやげの購入は、当日にあわてておみやげを用意したという、間に合わせの印象に映ってしまうことがあります。

受け取る立場で考えると、自分のために時間を使っておみやげを用意してくれたことが伝わると、嬉（うれ）しいものです。品物が高価であるかどうかよりも、相手に喜んでいただきたいと思う気持ちが大切です。

❹おみやげに季節感を添える

おみやげに数輪の花を添えるなどというのは、季節感が加わるので、お勧めします。また、その季節ならではの食料品を贈答品として選んでも喜ばれることでしょう。

参考

【品物の数】

品物の数は奇数が多く用いられます。また、4は「死」、9は「苦」を連想するといわれ、避けられます。

しかしながら、「2つで一対」という考え方もあるので、数にこだわりすぎる必要はないでしょう。

【ホームパーティへのおみやげ】

何人かの友人や知人が集まるホームパーティでは、相手の負担にならないよう、料理を持ち寄るという提案をすることもよいのではないかと思います。

訪問する側のこころ遣いの1つといえましょう。

3 玄関での心得を身につけましょう

Q3 玄関での振る舞いについて、正しいものを選びましょう。
（○×で答えましょう。） ※解答は別冊P.3

1. 玄関に入る前にコートを脱ぐことは、失礼である。
2. 靴は、帰るさいにそのまま履くことができるよう、玄関に入ってから逆向きになって脱ぐほうがよい。
3. 大きな荷物は部屋に持ち込まず、相手宅の人に伺ってから、玄関の辺りで邪魔にならない場所に置いておくとよい。

ヒント コートには、ほこりが付いていると考えて扱いましょう。また、玄関に入ってすぐに、迎えてくださっている人に背を向けて靴を外すことは失礼です。

玄関での振る舞い方

❶コート類は玄関に入る前に外す

　コートや手袋などの防寒具類は、外のほこりが付いたままの状態です。そのほこりを玄関や室内に持ち込むことは、失礼であると心得ましょう。したがって、コート類を外して片手にまとめ、身だしなみを整えてから呼び鈴を鳴らします。

❷玄関での靴の外し方

　相手宅の人が、せっかく迎えに出てくださったのにもかかわらず、玄関に入ってからすぐに背を向けてることは避けたいものです。入り口側に向き直って靴を脱ぐのではなく、次の順で靴を外しましょう。

参考
【脚下照顧（きゃっかしょうこ）】
　この4文字は、禅寺などで見かけることがあります。足元に気をつけるだけでなく、履物の扱いが人柄をも左右することを忘れてはならないという意味があります。

靴の外し方

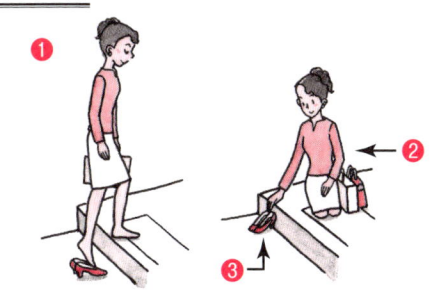

❶ 玄関に入ったままの方向で靴を外してから、上がります。
❷ 体全体が、入り口に斜めになるように向き直ってからひざまずきます。
※迎えてくださっている人に背を向けないように注意しましょう。
❸ 靴の向きを反対に直してそろえ、下座寄り（げざ）（相手から遠い側）に置きます。
※数人で伺う場合は、最後の人が靴をそろえるこころ遣いを忘れないようにしましょう。

❸手荷物が大きいとき

　大きな手荷物を部屋に持ち込むことは、スマートではありません。玄関の脇など、相手宅の人に伺ってから、邪魔にならない場所にまとめて置いておきましょう。

プラス解説
【手荷物の扱い】
　自分がもてなす側であれば、お客様の荷物を率先して預かる気遣いが大切です。

❹玄関は家の顔ともいえる場所

　家の顔だけに、もてなす側は玄関の掃除をして、清潔感を保ち、さらには、花が飾られていることもあるでしょう。
　訪問する側は、もてなす側のこころ遣いに気づき、感謝の気持ちで受け止めるゆとりを持ちたいものです。

4 どの席に座りますか

Q4 席次について、正しい心得はどれでしょう。
（○×で答えましょう。）　※解答は別冊 P.3

1. 和室では、床の間に近いところが上座である。
2. 座布団に座ったまま挨拶をすることは、失礼である。
3. ホスト（もてなす側の男性）の右に主賓（訪問者のうちもっとも格の高い人）、ホステス（もてなす側の女性）の右に主賓夫人が座ることが基本である。

> **ヒント**　プロトコルでは、主賓はホステスの右、主賓夫人はホストの右に座りますが、夫婦同伴でない場合は、主賓とホストが向かい合わせに座るのが基本です。

和室・洋室の席次の心得

❶床の間を背にした位置や床の間に近い側が上座

　和室では、床の間は神聖な場所とされているため、床の間に近いところが上座です。

　また、和室では、左上座、つまり、向かって右側を上座と考えます。出入り口に近い席は、人の出入りも多いため、出入り口に近いところを下座、部屋の奥を上座という考え方もあります。景色がよく見える位置をお客様に勧める場合もあります。

❷座布団の意味を考え、大切に扱う

　座布団の乗り降りのさいに忘れてはならないのは、座布団を用意してくださったことへの感謝の気持ちです。つまり、座布団の用意は、お客様に心地よく座っていただきたいというもてなしのこころの１つでもあるのです。

　座布団への入り方は、次のとおりです。
①座布団の真横（下座側）に座ります。
　※横にスペースがない場合は、後ろに座ります。
②座布団に対して斜めを向くように方向を変えます。
③跪座（第２章第５節参照）になって、膝から座布団に入ります。
④座布団に手を突きながら、体全体を座布団に入れます。
⑤正面を向いて、裾の乱れなどを直して座ります。

　挨拶をするさいには、座布団に座ったままではなく、座布団から降ります。降りるさいも、座布団に手を突いて動作するようにし、座布団を足で踏まないように注意しましょう。

❸洋室では、右上座、つまり、自分の右側が上座と考える

　主賓はホステスの右、主賓夫人はホストの右に座ることが基本です。また、プロトコルでは、フランス式と英米式の席次があります。フランス式では、長方形のテーブルの長い側の中央にホストとホステスが向かい合って座ります。英米式では、テーブルの短い側にホストとホステスが座ります（本章コラム参照）。

参考
【床の間の起源説】

　いくつかありますが、その１つに、床の間には、僧家の影響で仏画像を掛け、三具足（香炉・燭台・花瓶）を飾って礼拝することがあったことに由来するという説があります。このように考えると、床の間に近い席が上座であることが理解できるのではないかと思います。

用語解説
【香炉・燭台】

　香炉は香を焚くための器です。燭台は、ろうそくを立てるための台です。

参考
【座布団の扱い方】

　座布団には正面、さらに表裏があります。お客さまの膝前には、四辺のうち、縫い目のない輪の辺（正面）がくるようにします。さらに、中央の綿を留めている糸（房）がある面を表とし、こちら側が上になるように置きます。

用語解説
【プロトコル】

　国際儀礼、または外交儀礼を指します。したがって、本来は、個人間というよりも、国家間などでの国賓を含めての儀礼に関するルールを示します。しかしながら、現在は、個人間での洋に関する心得として用いられることがあります。

5 | おみやげはいつどのように差し上げますか

Q5 おみやげの差し上げ方について、正しい心得はどれでしょう。
（○×で答えましょう。）※解答は別冊 P.3

1. 紫色の風呂敷(ふろしき)は、慶弔(けいちょう)ともに使用できる。
2. 風呂敷に包んだままで品物を差し上げるとよい。
3. 訪問先に持参したおみやげが入っていた紙袋は持ち帰る。

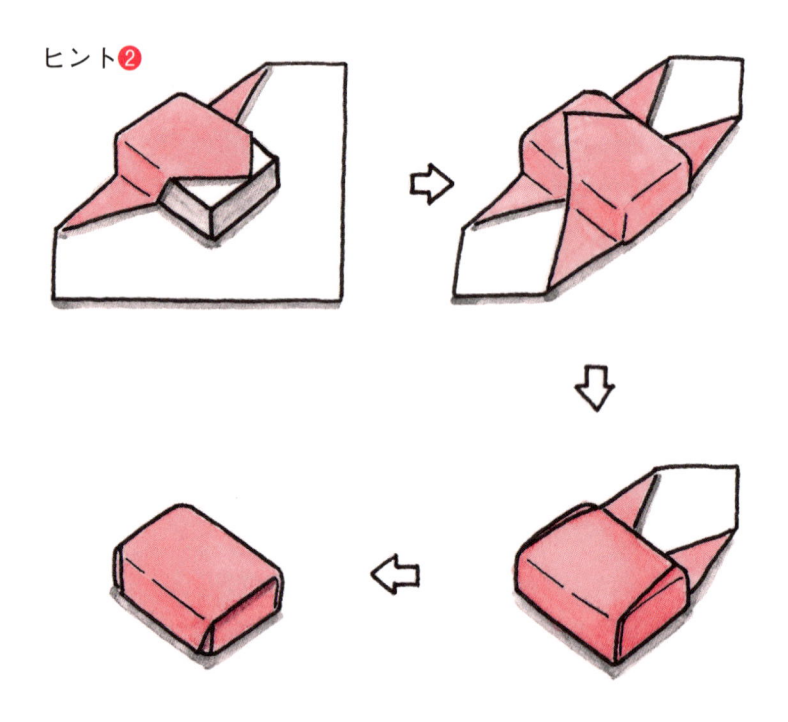

ヒント❷

ヒント
風呂敷のかけ方は、以下のように慶弔で異なります。
❶まず、風呂敷を広げて、中央に品物を置きます。
❷日常の贈答や慶事の場合……上→下→左→右の順
❸弔事の場合………………下→上→左→右の順

おみやげの選び方・差し上げ方

❶風呂敷を準備して、相手に対する気持ちを表現する

　最近は、風呂敷に包まれておみやげが持参されることは少なくなりました。しかしながら、店で用意された紙袋のままではなく、風呂敷を活用することによって、さらに丁寧な印象が相手にも伝わるはずです。

　紫色の縮緬（ちりめん）の風呂敷は、慶弔両用することができます。好きな色柄のもの、あるいは、季節に合わせた色柄のものをそろえておくとよいでしょう。用途に合せて活用することができます。

❷風呂敷・紙袋は基本的に外して渡す

　風呂敷には、外のほこりが付いていると考え、包んだままで相手に差し上げることは控えます。訪問先で部屋に案内された後、風呂敷から品物を取り出し、品物のみを差し上げます。

　おみやげの差し上げ方は、以下のとおりです。
①風呂敷に包まれたおみやげを下座（げざ）に置きます。
②床に手を突いて、少し体を下座側にずらします。
③風呂敷からおみやげを取り出して前に置きます。
④風呂敷を手早く軽くたたんで、脇に置きます。
　※乱雑にたたまないように注意しましょう。
⑤体を正面に向けます。
⑥品物を時計回りに回し、相手に品物の正面が向くようにし、丁寧に渡します。

　紙袋も同様に、外のほこりが付いているものと考え、品物を入れたままで差し上げることは控えます。品物を差し上げた後、紙袋は持ち帰りましょう。

　ただし、お互いが、外出先で会っている場合は別です。相手の持ち帰りやすさを考慮しましょう。

参考
【袱紗（ふくさ）】

　絹でつくられている正方形の布で、小さな風呂敷のようなものを袱紗といいます。袱紗に包んで持参するのは、金子包み（きんすづつみ）（付録②参照）など中のものをほこりから守り、汚れないようにするこころ遣いの表れです。

　紫色の縮緬の袱紗は、慶弔ともに使用できます。風呂敷と同様に、季節や好みに合せて一枚ずつそろえておきたいものです。

6 | 茶菓(さか)の差し上げ方は？いただき方は？

Q6 茶菓の差し上げ方について、正しい心得はどれでしょう。
（○×で答えましょう。）※解答は別冊 P.3

1. お茶の種類により、湯の温度を加減することが大切である。
2. 茶菓を運ぶさいには、息が吹きかからないように注意する。
3. 茶菓を差し上げるさい、左右どちらに置かなければならないという決まりはない。

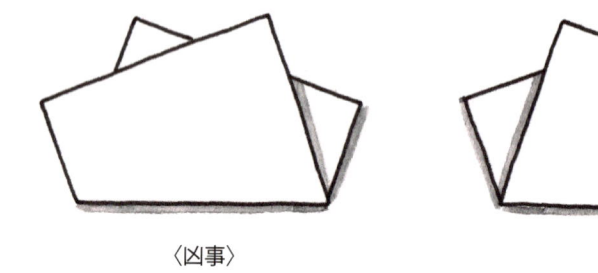

〈凶事〉　　　　　　　　　〈吉事〉

ヒント お菓子を懐紙にのせて差し上げる場合、凶事と吉事では懐紙の折り方が異なります。飲み物やお菓子の種類にかかわらず、お客様の右に飲み物、左側にお菓子を置きましょう。

茶菓の差し上げ方といただき方

❶お茶を入れるさいには湯の温度が重要

煎茶（せんちゃ）は70～80℃、玉露（ぎょくろ）は60～70℃が適温です。水道水は、カルキを飛ばす必要もあるので、一度沸騰したものを適温に冷ましてから用います。

お茶を入れるさいには、分量にも注意しましょう。茶碗（ちゃわん）にお茶を多く注ぎ、持ち運ぶさいにお茶がこぼれてしまうと、茶碗の底がぬれて茶托（ちゃたく）に付いてしまうことがあります。

お客様が召し上がるさいに、茶碗に茶托（ちゃたく）が付いてきては危険です。あるいは、お茶が多く入っていることにより、熱くて茶碗を取り上げられない可能性もあります。

❷お客様から見て、飲み物は右側・お菓子は左側

お客様へお茶やお菓子を運ぶさいは、盆に載せます。盆の中に息が吹きかからないように、少し体から盆を離し、胸の高さ程度に持ちましょう。

和洋を問わず、お客様から見て、飲み物は右側、お菓子は左側に置きます。

❸茶菓のいただき方

お茶とお菓子は、どちらを先にいただいてもかまいません。繊細な味わいの煎茶や玉露は、香りや味を損なわないようにというこころ遣いから、お茶を先に一～二口飲んでからお菓子を食べるなどすることがあります。

また、お菓子を丸ごと取り上げることは、品格のない行為です。歯型を残さないためにも、お菓子は一口大に切ってから口に運びます。

さらに、お茶を飲むさい、茶碗は片手で持つのではなく、もう片方の手で茶碗の底を支えて、安定させた状態で持つようにこころがけましょう。

参考

【お茶を出すとき】

上質のお茶ほど、熱湯で入れると、色、香り、味を損ないます。したがって、煎茶や玉露は湯を冷ましてから、番茶やほうじ茶は熱湯で入れます。

そのほか、夏の暑い日には、ガラスの涼しげなグラスに、冷えた緑茶を入れて出すなどのこころ遣いも重要です。

【スプーンの扱い】

コーヒーや紅茶に砂糖を入れるさい、スプーンをカップの底に付けて強くかき混ぜるのではなく、軽くかき混ぜるようにしましょう。また、テーブルが低い場合など以外は、ソーサー（受け皿）やケーキ皿は取り上げないようにします。

7 自宅に招待するときについて考えましょう

Q7 お客様を迎えるさいの正しい心得はどれでしょう。
（○×で答えましょう。） ※解答は別冊P.3

1. もてなしの準備は、さりげなくすることが大切である。
2. お客様が脱いだ靴は、お客様自身がそろえるべきである。
3. お茶は上質のものほど、低めの温度の湯で入れるとよい。

ヒント お客様をご案内する部屋を整えるのは、もちろんのこと、玄関も、靴が脱ぎ散らかされていたり、隅にほこりがたまっていないようにしましょう。お客様が外した靴は、もてなす側がそろえる気持ちも忘れてはなりません。

お客様を迎える場合の心得

❶迎える準備とお客様の迎え方

　お客様を迎えるにあたり、「掃除をしなければ」などと重荷に考えてしまったのでは、温かいこころの込められたもてなしはできません。もてなす側が、楽しい気持ちで準備に取りかかることも、温かいもてなしのための大切なこころがまえの１つです。たとえば、お客様の好みがわかっている場合は、それに合わせて玄関に花を飾ることや、茶菓子を用意するなどということができるでしょう。ただし、こうしたこころ遣いは、さりげないものでなければなりません。相手の負担にならないよう、「あなたのために準備しました」と感じられてしまうような、過度な準備は避けます。

　また、玄関は、その家の顔です。こまめに掃除をして、突然の来客からも清潔な印象に映るようにこころがけましょう。

　もてなしの準備は、お客様を迎える予定時刻よりも早めに終えるように、ゆとりをもって取りかかります。雨の日は、傘立ての準備も忘れないようにしましょう。

　お客様の迎え方は、以下のとおりです。
①呼び鈴が鳴ったら、すぐに玄関へ迎えに出ます。
②進んでお客様のコートやそのほかの荷物を預かります。
③お客様に、玄関中央から上がっていただけるよう、下座側で迎えます。
※お客様を見下ろしてしまう場合は、膝を突きます。
④お客様が靴を外したら、「どうぞそのままで」と伝えます。
⑤お客様の靴は、お客様が帰るまでにそろえておきます。

❷お客様を見送るとき

　マンションの場合は、エレベーターまで見送るのが丁寧です（状況によっては、マンションのエントランスまで見送ります）。玄関先で見送る場合は、お客様が玄関を出た後、しばらくしてから鍵をかけるゆとりをもちましょう。

参考

【部屋への案内】
　お客様の数歩斜め前を歩き、部屋まで案内します。このとき、お客様へ完全に背を向けるのではなく、時折、後ろのお客様へ顔を向ける配慮が大切です。

【お客様に勧める場所】
　部屋では、上座に座っていただくよう、こちらから席を勧めましょう。

●和室の場合
　景色がよく見える位置のほか、外からの光線具合なども考慮します。お客様のもっとも過ごしやすい位置がどこであるかを知っておくことも重要です。

●洋室の場合
　もっとも格の高い椅子は、ゆったりと座っていただきたいという思いを込めてお客様に勧めることができるソファです。したがって、お客様には、一人がけのアームチェアではなく、ソファを勧めることが基本です。ただし、和室と同様に窓の外に見える景色や外からの光線の具合などを考慮することも忘れてはなりません。

【お客様が玄関を出る前】
　状況に応じて、次のようなことばを伝えます。

冬：「外は寒いので、コートをお召しください」

雨の日：「まだ雨が降っておりますので、レインコートをお召しください」

第6章 理解度チェック

Q1 自宅を訪問するさいの心得について正しいものをすべて選び、記号に○を付けなさい。

ア．約束の5分前には、訪問できるようにする。
イ．食事に招かれていない場合は、午前10〜11時、午後2〜4時を目安に訪問する。
ウ．コートなどの防寒具類は、玄関を上がるときに外す。
エ．靴は、玄関に入った方向とは逆の向きになってから外す。
オ．数人で訪問する場合、最後に上がる人は、靴をそろえるこころ遣いを忘れないようにする。

Q2 訪問のさいのおみやげの選び方について、（　　）の中にあてはまるもっとも適切な語句・数値を語群から選び、記入しなさい。

ア．①（　　　　）でおみやげを購入することは、避けたほうがよい。（ ① ）で購入することにより、間に合わせで用意した印象を与えてしまう可能性がある。また、②（　　　　）よりも、③（　　　　）にこころを込めることが大切である。
イ．品物の数は、④（　　　　）は「死」、⑤（　　　　）は「苦」を連想することがあるので、避けたほうがよいといわれる。また、⑥（　　　　）が用いられることが多い。ただし、いずれもこだわりすぎる必要はない。

〈語群〉

自宅の近辺　訪問先の近辺　偶数　奇数　準備の段階　品物の高価さ
4　6　9

第6章 訪問・招待の心得を学びましょう

※解答・解説は別冊（P.12〜13）

Q3 和室での上座（じょうざ）について、（　）の中にあてはまるもっとも適切な語句を記入しなさい。

ア．①（　　　）に近い側が上座である。
イ．向かって②（　　　）を上座と考える。
ウ．出入り口から見て、部屋の③（　　　）を上座と考える。
エ．④（　　　）がよく見える位置をお客さまに勧める場合もある。

Q4 茶菓をいただくさい、❶お茶、❷お菓子に関する注意点を2点ずつあげなさい。

❶お茶
・
・

❷お菓子
・
・

Q5 自宅に招待するときについて、（　）の中にあてはまるもっとも適切な語句を記入しなさい。

ア．お客様に、玄関の①（　　　）から上がっていただけるよう、②（　　　）で迎える。お客様を見下ろしてしまう場合は、③（　　　）を突くようにする。
イ．部屋への案内するときは、お客様の数歩④（　　　）を歩き、部屋まで案内する。お客様へ完全に⑤（　　　）のではなく、時折、後ろのお客様へ⑥（　　　）ようにする。
ウ．マンションのときは、⑦（　　　）まで見送るのが丁寧である。状況によっては、マンションの⑧（　　　）まで見送る。

97

column

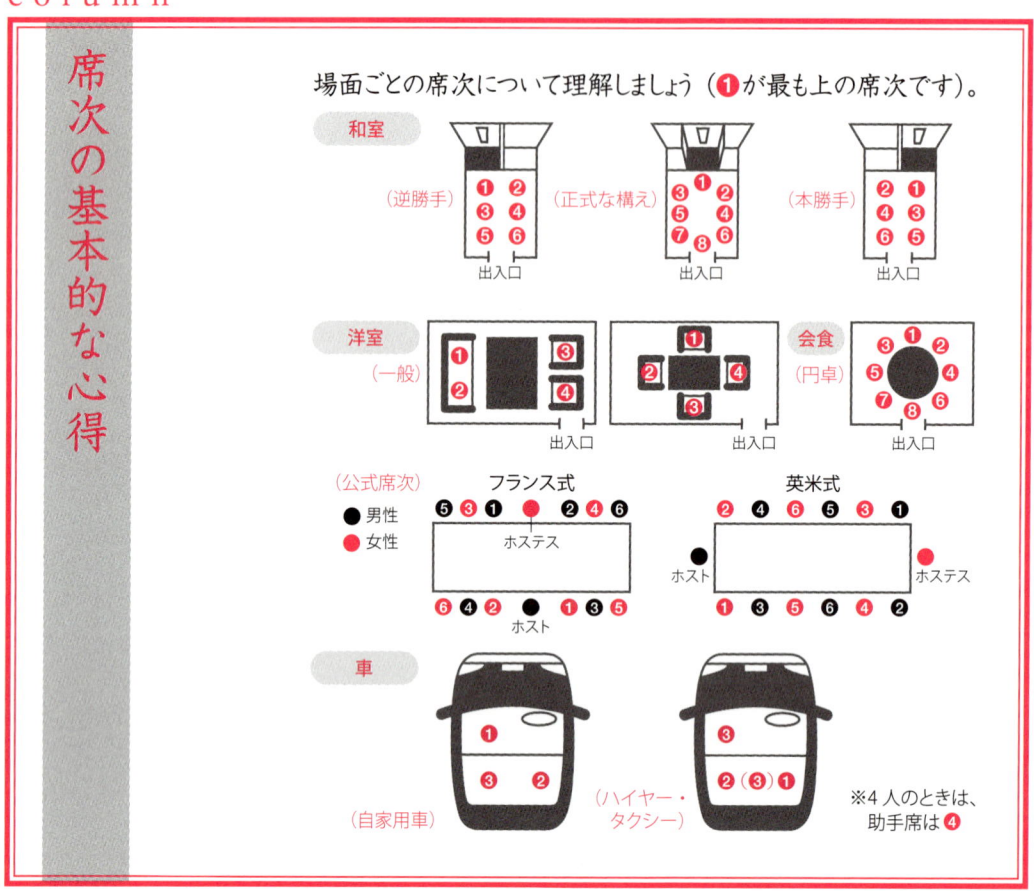

席次の基本的な心得

場面ごとの席次について理解しましょう（❶が最も上の席次です）。

和室
- （逆勝手）❶❷／❸❹／❺❻　出入口
- （正式な構え）❶❷／❸❹／❺❻／❼❽　出入口
- （本勝手）❷❶／❹❸／❻❺　出入口

洋室
- （一般）❶／❷　❸／❹　出入口
- ❶／❷　❹／❸　出入口

会食
- （円卓）❸❶❷／❺　❹／❼❻　出入口

（公式席次）
- ● 男性
- ● 女性

フランス式
❺ ❸ ❶ ● ❷ ❹ ❻
ホステス
❻ ❹ ❷ ● ❶ ❸ ❺
ホスト

英米式
❷ ❹ ❻ ❺ ❸ ❶
● ホスト　　　● ホステス
❶ ❸ ❺ ❻ ❹ ❷

車
- （自家用車）❶／❸ ❷
- （ハイヤー・タクシー）❸／❷（❸）❶

※4人のときは、助手席は❹

第7章 冠婚葬祭について学びましょう

1 | 13歳までの人生儀礼を学びましょう

Q1 子どもの人生儀礼について、正しいものはどれでしょう。
（○×で答えましょう。）　※解答は別冊 P.3

1. お七夜（しちや）は、子どもの誕生を祝うだけで、特に、決まった行事はない。
2. 生後100日目（または、120日目）に、赤ちゃんに赤飯や魚などを食べさせるまねをする行事を、お食（く）い初（ぞ）め（または、箸（はし）祝い、箸ぞろえ）という。
3. 5歳になると、初めて袴（はかま）をつける儀式を行うことがあるが、これは袴着（はかまぎ）といい、七五三の由来の1つである。

> **ヒント**　生後7日目のお七夜には、命名式が行われます。

人生儀礼について…帯祝(おびいわ)いから十三参(じゅうさんまい)りまで

帯祝い

多産であり、お産が軽いといわれている犬にあやかって、妊娠5か月目の戌(いぬ)の日に腹帯を巻きます。帯祝いは、着帯祝いといわれることもあります。巻かれる腹帯は、岩田帯と呼ばれます。

お七夜

誕生から数えて7日目に、命名式を行って赤ちゃんの名前を披露し、成長を願います。ただし、地方によっては、3日目や5日目とするところもあります。

また、母子が、退院するころや疲れている時期でもありますので、場合によっては、日程を変更したり、祝いの席を簡略して行います。

お宮参り

男の子は生後30日または31日目、女の子は生後31日目または32日目に、お宮参りを行います。

お食い初め(箸祝い、箸ぞろえ)

生後100日目または120日目(ただし、110日目とする場合もあります)に、生涯、食べ物に困らないようにと願う行事です。お食い初めの祝いの膳(ぜん)は、赤飯、汁(鯛(たい)の身または鯉(こい)の身)、鯛など尾頭付きの焼き魚を基本とします。歯が丈夫になるようにと、小石を膳に載せることもあります。

現在の七五三

昔は、3歳で髪置(かみおき)(はさんでいた髪を伸ばし始める)、5歳で袴着(初めて袴を着ける)、7歳で帯解(おびとき)(付けひもを取り帯を締める)と、それぞれの儀式がありました。

現在は、七五三の祝いと称し、11月15日に神社にお参りします。お祝いをいただいた人のところへ、千歳飴(ちとせあめ)や赤飯を持参して挨拶(あいさつ)に伺うこともあります。

十三参り

13歳の男子・女子が、虚空蔵菩薩(こくうぞうぼさつ)にお参りする行事です。旧暦3月13日の行事であることから、現在では4月13日に行われることが多く、関西ではまだこの風習が残っています。

参考

【命名書】

生後7日目に子どもの名を付けるさいには、命名書を用意します。命名書は、奉書紙を縦半分に折り、さらに、折目を下にして三つ折りにし、生年月日、名前、日付と命名者(あるいは父母)の姓名を書きます。略式として、半紙を用いてもよいです。

【お宮参り】

お宮参りとは、その土地の産土神(うぶすなかみ)(氏神(うじがみ))に赤ちゃんの誕生を報告し、すこやかな成長を願う行事です。親戚(しんせき)や近所の人への挨拶には、紅白の鳥の子餅(もち)、あるいは、赤飯を配ります。

昔は、お産がけがれたものと考えられていたため、父方の祖母、あるいは、母方の祖母が、赤ちゃんを抱いてお参りしました。

用語解説

【虚空蔵菩薩】

虚空のように広大で、無限の知恵と功徳(くどく)(よい行い)をもち、衆生(しゅじょう)(人間をはじめすべての生き物)に施す菩薩です。そのため、知恵や知識などを授ける菩薩として信仰されています。

京都嵐山の法輪寺では、授かった知恵を失わないよう「渡月橋(とげつきょう)を振り返らずに渡る」との言い伝えがあります。

2 | 成人してからの人生儀礼を学びましょう

Q2 人生儀礼について、正しいものはどれでしょう。
（○×で答えましょう。） ※解答は別冊P.3

1. 現在の成人式は、満20歳の男女を祝う。
2. 数え年で、男性42歳、女性33歳は、大厄といって、厄払いをする年齢である。
3. 寿賀は、満年齢で行うのが一般的である。

ヒント 寿賀は賀寿ともいい、数え年で祝うのが一般的です。形式だけに捉われることなく、本人の意向を尊重するとともに、年長者をいたわるこころ遣いを忘れてはなりません。

人生儀礼について…成人式から寿賀まで

現在の成人式

武家の男子は、成人の表示として髪型を変え、服を改め、冠をかぶる加冠の儀を行いました。現在では、1月の成人の日、満20歳の男女を祝いますが、昔は、11歳で加冠の儀を行うこともあり、年齢が異なりました。

厄年と厄払い

数え年で、男性は25歳と42歳、女性は19歳と33歳が厄年です。特に、男性42歳、女性33歳を大厄といい、その前後の年を前厄、後厄と呼びます。近年、数え年で、女性の37歳と男性・女性の61歳も厄年として、厄払いを行う人が増えているようです。

長寿の祝い

寿賀（賀寿）の祝いには、次のものがあります。

- 還暦……数え61歳。十干十二支が60年で一巡するため、赤ちゃんに還るという意味から、赤いものを贈ります。
- 古稀……数え70歳。杜甫の「人生七十古来稀なり」から名が付けられました。
- 喜寿……数え77歳。「喜」の草書体が七十七に見えることから名が付けられました。
- 傘寿……数え80歳。「傘」の字は「仐」と略され、この文字が八十と読めることから名が付けられました。
- 米寿……数え88歳。「米」の字は「八」「十」「八」と分けられることから名が付けられました。
- 卒寿……数え90歳。「卒」の字は「卆」と略され、「九」「十」と読めることから名が付けられました。
- 白寿……数え99歳。「百」から「一」を取ると「白」になることから名が付けられました。
- 百賀……数え100歳以上。100歳以後、101歳は「百一賀の祝い」、102歳は「百二賀の祝い」というように、毎年祝います。

用語解説

【厄年】

厄年とは、災難が起こるおそれが多いとされる年齢のことです。迷信の1つにすぎないと無視してしまうのではなく、このころは体調が変化しやすい年齢のため、健康管理をするきっかけとして、大切に過ごしましょう。

参考

【十干十二支】

十干	甲、乙、丙、丁、戊、己、庚、辛、壬、癸
十二支	子、丑、寅、卯、辰、巳、午、未、申、酉、戌、亥

用語解説

【杜甫】

712年生まれ、中国唐代の李白と並ぶ詩人です。特に「春望（国破れて山河あり……）」の詩が有名です。

【草書体】

漢字の書体の1つで、書体を崩した字のことです。

3 結婚披露宴の心得を身につけましょう

Q3 結婚披露宴に招かれたさいの正しい心得はどれでしょう。
（○×で答えましょう。）　※解答は別冊 P.3

1. 金子包み（祝儀袋）は、内ポケットやハンドバッグにそのまま入れて持参するとよい。
2. 披露宴会場には、5分前に到着すればよい。
3. 同じテーブルに座る人には、なるべくこちらから挨拶と自己紹介をしてから席に着く。

ヒント 金子包みは、袱紗に包んで持参します。披露宴会場には、荷物を預けたり、身だしなみを整えるために化粧室へ行けるよう、時間のゆとりをもって到着しましょう。

結婚祝いと結婚披露宴に関する心得

❶ 祝いを差し上げるさい

　昔は、結婚式の10日ほど前までの吉日の午前中に自宅へ伺い、祝いの品を持参したものです。現代では、祝い状を添えた贈り物を宅配などで送ることが多いようです。

　品選びに関しては、相手と親しい場合には、希望の品を尋ねることは、決して失礼ではありません。

　また、金子包み（祝儀袋）を送る場合の表書きは、「寿」「御結婚祝」などとし、フルネームで自分の名前を書きます。必ず、新札を包みます（そのほかの注意は、付録②を参照）。

❷ 披露宴会場に向かうさい

　服装は、結婚披露宴の時間帯や、会場などを考慮して選びます。さらに、当日の主役は新郎新婦であることを忘れずに、自分の立場をわきまえた装いで出かけましょう。会場には開宴20分前には到着し、手荷物をクロークに預けてから、化粧室で身だしなみを整えて受付に向かいます。

❸ 披露宴会場での心得

　受付の人には、「本日はおめでとう存じます」などと挨拶をします。祝い金を持参している場合は、金子包みの正面が相手に向くようにして渡しましょう。

　新郎新婦が会場入り口で迎えてくださる場合は、「おめでとう存じます」とこころを込めて挨拶をし、席に着きます。同じテーブルに知らない人が同席する場合は、こちらから積極的に挨拶をし、自己紹介をして、お互いに楽しい雰囲気で過ごせるようにこころがけます。

　また、友人同士で同席する場合、慎みの気持ちを忘れずに振る舞うことが大切です。たとえば、会話の話題も楽しいからといって場をわきまえずに周囲の人へ不快感を与えてしまった、などいうことがないように注意しましょう。

> **参考**
>
> 【祝い金を持参する場合】
>
> 　披露宴の当日、祝い金を持参する場合も、金子包みの表書きと札については同様です。持参する場合、金子包みを上着の内ポケットやハンドバッグにじかに入れるのではなく、汚れないように袱紗に包む心得も忘れないようにしましょう。
>
> 【芳名帳への記入】
>
> 　自分の名前を記入するさいは、時間をかけず、しかしながら、丁寧に書くようにこころがけます。また、同じ紙にすでに他の人が記入している場合は、その部分に文字がかかってしまったり、汚してしまうことのないように注意しましょう。
>
> 【退席するさいの心得】
>
> 　披露宴にかぎらず、パーティーなどでも、退席するさいは当日に配られた席札やメニューは持ち帰ります。また、同じテーブルの人と、「本日は楽しい一時をご一緒することができ、誠にありがとう存じます」と挨拶を交わすことも大切な心得です。

4 通夜・葬儀・告別式について学びましょう

Q4 通夜・葬儀・告別式について、正しいものはどれでしょう。
（○×で答えましょう。）※解答は別冊 P.3

1. 死は、けがれとして忌むべきことと考えられていた。
2. 通夜は、葬儀の前夜、基本的に遺族や故人と親しい人々で行われる。
3. 葬儀と告別式が別に行われることはない。

> **ヒント** 通夜は亡くなった人の魂の再生を祈る儀式から発したといわれています。通夜と葬儀・告別式について基本的なことを理解し、突然の訃報に接したときにも、故人や遺族に対して非礼がないようにしたいものです。

通夜と葬儀・告別式についての基本

通夜は、葬儀の前夜、遺族や故人と親しい間柄の人々で行われます。ただし、一般の弔問客でも、やむを得ず告別式に出られない場合は、通夜に出席することがあります。

仏式の通夜

灯明と線香を絶やすことなく、語り明かし、最後の別れを惜しみます。現代では、一般の弔問者が多くなったため、18時または19時ごろから、1〜2時間ほどの半通夜と呼ばれる形がとられます。まず、僧侶による読経、弔問客による焼香、別室での通夜振る舞いとなります。

神式の通夜

通夜祭と遷霊祭は別の儀式ですが、通夜遷霊祭として行われることが多くなりました。

キリスト教式の通夜

宗派や教会によって異なります。カトリックでは通夜の集い、プロテスタントでは前夜祭と呼ばれることが多いようです。

故人と親しい間柄にあった場合、基本的には、通夜、葬儀、告別式に出席します。

仏式の葬儀と告別式

通夜の翌日に、葬儀と告別式が行われます。遺族や近親者が故人の成仏を願う儀式が葬儀、弔問客が故人に別れを告げる儀式が告別式です。葬儀と告別式が別々に行われる場合、一般の会葬者は告別式のみに出席します。

神式の葬儀と告別式

斎主による祭詞奏上のあとに、遺族や近親者が玉串奉奠を行う葬場祭と、一般会葬者が玉串奉奠を行う告別式があります。葬場祭と告別式は、別の場合と併せて行う場合があります。

キリスト教式の葬儀と告別式

カトリックとプロテスタントによって、葬儀と告別式が異なります。日本では、焼香や玉串奉奠にあたる献花を行うのが一般的です。

参考

【弔問の出席者】

昔は、死は、けがれとして忌むべきことと考えられていました。しかしながら、現在は、けがれとする考えも薄らいでおり、通夜に遺族以外の人も弔問に伺うようになりました。

用語解説

【遷霊祭】

故人の霊を霊璽（仏式の位牌にあたるもの）に遷し留める儀式のことです。

【斎主】

祭祀（神や祖先などを祭ること）を主宰する人のことです。

【玉串奉奠】

榊の枝に木綿または紙をつけたものを玉串といいます。玉串奉奠とは玉串を奉り拝礼する、という意味です。儀式については、本章第5節で解説します。

5 通夜・葬儀・告別式での振る舞いを身につけましょう

Q5 通夜・葬儀・告別式において正しい心得はどれでしょう。
（○×で答えましょう。） ※解答は別冊P.3

1. 線香の火は、直接吹き消してもよい。
2. 抹香は、目の高さに押し頂き、念じてから香炉に落とす。
3. 弔事での二礼二拍手一礼のさい、拍手は音を立てない。

ヒント 線香は、左手に持ち替え、右手であおいで消します。

焼香から献花までの心得

焼香（しょうこう）

① 香炉台の数歩手前で、遺族や僧侶に一礼します。
② 遺影に向かって合掌礼（がっしょう）をします。
③ 香炉台の前に進み、右手で抹香を取り、左手で受けます。
　※基本は1回でよいですが、宗派によって異なるため、周囲に合わせるようにします。
④ 左手を目の高さに上げ、抹香を押し頂き、念じます。
⑤ 抹香を香炉に落として合掌礼をします。
⑥ 数歩下がって、遺族や僧侶に一礼します。

線香

① 線香台の数歩手前で、遺族や僧侶に一礼します。
② 遺影に向かって合掌礼をし、線香台の前に進みます。
③ 右手で線香を取り、ろうそくにかざします。
④ 線香を左手に持ち替え、右手であおいで火を消します。
　※決して息を吹きかけないようにします。
⑤ 線香を右手に持ち替え、線香台に立てて合掌礼をします。
⑥ 数歩下がって、遺族や僧侶に一礼します。

玉串奉奠（たまぐしほうてん）

❶ 玉串を受け取った後、玉串を胸の高さに保って台の近くまで進みます。
❷ 玉串を押し頂いてから、一礼します。
　※玉串は、右手で上から根元を、左手で下から葉をささげ持ちます。
❸ 玉串の根元が霊前に向くように、時計回りで2回に分けて回し、台に置きます（イラスト参照）。
❹ 霊前で二礼二拍手一礼して、下がります。
　※拍手（柏手とも書く）はしのび手といい、音をたてないようにします。

献花

① 花は、右手で上から根元を、左手で下から花の近くの茎を持ちます。
　※花にはなるべくふれないように注意します。
② 献花台へ進み、花の根元を霊前に向けて置きます。
③ 故人への祈りを込めて一礼して下がります。

参考

【通夜・葬儀・告別式の心得】

正しく振る舞うことが大切なのではなく、故人の冥福（めいふく）を祈り、遺族に対する思いやりの気持ちが大切です。こころのゆとりを忘れないために、基本的な振る舞いを理解し、身につけておきましょう。

それぞれの宗派によって行われるため、弔問する側にも宗派ごとの心得が必要です。

【金子（きんす）包みの札】

弔事に新札を用いるのは、あらかじめ亡くなることを予期していたかのようなので失礼であるとも考えられています。しかし、汚れている紙幣を差し上げることも控えたいものです。そこで、新札を一折して用いることをお勧めします。

6 慶弔の挨拶で慎むべきことは何でしょうか

Q6 結婚披露宴や葬儀のさい、好ましい挨拶はどれでしょうか。
（○×で答えましょう。）　※解答は別冊 P.3

1. （結婚披露宴でのスピーチ）
「本日は、新婦がいっそう美しく、このような素晴らしい笑顔をたびたび拝見できるよう、また、お2人の仲が離れることなくいつまでも幸せに続かれますことを祈っております」
2. （結婚披露宴でのスピーチ）
「すてきなお2人の姿を拝見しておりますと、幼少のころからお2人を存じている私は、祝福の思いで一杯でございます」
3. （葬儀での挨拶）
「このたびは思いもかけぬことでお力落としのことと存じますが、ますますお悲しみが深まりませんよう、お体おいといください」

> **ヒント**　忌みことばとして、重ねことばにも注意しましょう。

忌みことばについての基本

❶今に伝わる忌みことば

　慶弔の場にかかわらず、挨拶をするさいなど、忌みことばに注意して話すことが好ましいとされてきました。

　なぜなら、忌みことばは、不幸や不吉なことを連想させるおそれがあることばだからです。忌みことばは迷信にすぎないという説もありますが、高齢の人などには気にする人がいることも事実です。

　ただし、忌みことばにとらわれすぎて、緊張してしまい、不自然な挨拶をしたり、本来、伝えるべき内容や気持ちを表現できないことも残念です。特に、改まった席では、意識しなくても忌みことばを発することがないように、こころがけましょう。

❷それぞれの場に応じた忌みことば

　忌みことばとして、重ねことばにも注意しましょう。重ねことばとは、同じことばを重ねて用いることです。

忌みことばの種類

結婚披露宴	別れる、終わる、切る、離れる、破れる、壊れる、冷める、冷える、帰る、返す、戻る、去る、失う、あきる、落ちる、色あせる、悲しむ、苦しむ、悩む、死ぬ、病む、倒れる、再び、薄い、など
	重ねことば（重ね重ね、返す返す、たびたび、またまた、しばしば、いろいろ、など）
葬儀	重ねる、続く、再び、繰り返す、再三、追って、など ※仏式の席では、「迷う」「浮かばれない」なども避けること
	重ねことば（重ね重ね、重々、次々、ますます、返す返す、たびたび、しばしば、またまた、いよいよ、など）
出産祝い	死、逝く、破れる、流れる、滅ぶ、など
新築祝い	焼ける、燃える、倒れる、傾く、つぶれる、など
病気の全快祝い	死、終わる、絶える、重ねる、繰り返す、など

参考

【好ましい挨拶の例】

●結婚披露宴のさい、新婦の友人としてのスピーチ例

〈初めの挨拶は省略〉
「新郎○○さん、新婦○○さん、ご結婚おめでとう存じます。
　新婦と私は高校時代、ともにテニス部員で、そのころより仲よくいたしております。……（中略）
　これから、お2人がいっそう絆をかたく結ばれ、新しい家庭に末永く幸せがもたらされますよう、こころよりお祈りいたします」

●弔問のさい、突然亡くなった友人の家族への挨拶例

「このたびは思いもかけぬことで、お力落としのこととお察しいたします。何と申し上げてよいのか、ことばも見つかりません。私にできることがございましたら、何なりとお申しつけください。お悲しみのあまり体調を崩されませんように、くれぐれもお体おいといください」

【言霊】

　昔から日本人は、ことばそのものに霊力があり、そのことばを発すると、その内容が実現すると考えていました。

第7章 理解度チェック

Q1 人生儀礼について、（　）の中にあてはまるもっとも適切な語句・数値を記入しなさい。

ア．妊娠5か月目の①（　　　　）の日に腹帯を巻く祝いを、②（　　　　）という。
イ．誕生7日目に命名式を行い、子どもの成長を願うことを、③（　　　　）という。
ウ．現代の七五三では、④（　　）月⑤（　　）日に神社へお参りする。
エ．成人式は、武家で行われていた⑥（　　　　）に由来する。
オ．長寿の祝いは、⑦（　　　　）または⑧（　　　　）とも呼ばれる。

Q2 十二支(じゅうにし)を順番に書きなさい。

（子(ね)）→（　　）→（　　）→（　　）→（　　）→（　　）→（　　）
→（　　）→（　　）→（　　）→（　　）→（　　）

Q3 披露宴に招かれたときについて正しいものをすべて選び、記号に○を付けなさい。

ア．服装は、結婚披露宴の時間帯や、会場などを考慮して選ぶ。
イ．披露宴会場には開宴20分前には到着し、手荷物は受付の人に預ける。
ウ．新郎新婦が会場入り口で迎えている場合は、受付を済ませる前に、新郎新婦に挨拶をする。
エ．同じテーブルに知らない人が同席する場合は、紹介を受けるまで待つ。
オ．友人同士で同席する場合も、慎みの気持ちを忘れずに振る舞う。

第7章　冠婚葬祭について学びましょう

※解答・解説は別冊（P.13〜14）

Q4 結婚披露宴に金子包みを持参するさい、注意点を4点あげなさい。

・
・
・
・

Q5 焼香のさいの振る舞いについて、（　）の中にあてはまるもっとも適切な語句を記入しなさい。
※同じ語句を使ってもよい。

ア．香炉台の数歩手前で、遺族や僧侶に①（　　　）する。
イ．遺影に向かって②（　　　）をする。
ウ．香炉台の前に進み、右手で③（　　　）を取り、左手で受ける。
エ．左手を④（　　　）の高さに上げ、（ ③ ）を押し頂き念じる。
オ．（ ③ ）を香炉に落として⑤（　　　）をする。
カ．数歩下がって、遺族や僧侶に⑥（　　　）する。

Q6 （　）の中にあてはまるもっとも適切な語句を記入しなさい。

ア．通夜は葬儀の①（　　　）、遺族や②（　　　）で行われる。したがって、（ ② ）の場合、基本的には通夜、葬儀、③（　　　）に出席する。
イ．慶弔を問わず、挨拶をする場合や手紙を書く場合に、不幸や不吉なことを連想しないようにとして避けてきたことばを、④（　　　）という。
ウ．ことばそのものに霊力があり、そのことばを発するだけで内容が実現すると考えられていたことを、⑤（　　　）という。

113

column

受付・案内役の心得

　結婚披露宴で受付や案内役を頼まれた場合は、新郎新婦側の人として出席者に接する責任があります。したがって、清潔感のある装いで、出席者に失礼のない振る舞いをこころがけます。

　会場においては、笑顔とともに、「本日はありがとう存じます」などと丁寧な挨拶で出席者を迎えましょう。芳名帳への記入を依頼する場合は、「おそれいりますが、こちらにご署名をお願いいたします」と伝えます。

　案内役は、出席者の2～3歩斜め前を歩き、相手に完全に背を向けてしまうことなく、配慮を忘れずに行動しましょう。

第8章

年中行事について学びましょう

1 正月のしきたりを学びましょう

Q1 正月の迎え方について、正しいものを選びましょう。
（○×で答えましょう。）※解答は別冊P.3

1. 正月飾りは、12月30日までなら、いつ行ってもよいとされる。
2. しめ縄は、神様が鎮座（ちんざ）する神聖な区域を表すものである。
3. 御節（おせち）料理は、三の重（じゅう）に詰めるのが正式である。

> **ヒント** 正月は、歳（とし）神様を迎え、新たな年の五穀豊穣（ごこくほうじょう）を祈るものでした。歳神様を迎える準備として、現代でも、12月13日には煤払い（すすはらい）を行うところがあります。

正月の迎え方とすごし方

❶ 正月の迎え方

昔は、正月の飾り付けは、12月13日とするところが多かったようです。現代でも、29日は「苦立て」や「苦待つ」、31日は「一夜飾り」といって嫌う風習があります。したがって、正月の飾り付けは27日または28日ごろに行いましょう。飾り付けは、1月7日または15日の松の内に外し、14日または15日の火祭り（どんど焼き、左義長などと呼ばれる）で焼きます。

松飾り（門松）

歳神様の依代（歳神様が降りてくる場所）として、松を飾ります。年の暮れ、松を山から切ってくることを、「松迎え」「お正月様迎え」「お松様迎え」などといいます。

しめ飾り

しめ縄で作った飾りです。しめ縄は、神の鎮座する神聖な区域であることを示すことから、邪気や不浄を清める意味があります。しめ飾りは、玄関に飾る玉飾りと呼ばれるもののほかに、輪飾りといって、家の中の要所（台所、水道の蛇口、手洗い、勝手口など）に飾るものもあります。

床飾り

床の間の飾りのことです。正月の床飾りは、まず、三方に紙を敷き、裏白、譲り葉、紙垂（四手、四垂とも書く）を置きます。その上に、大小の鏡餅を一重、さらに、橙、昆布、松、熨斗、本俵、串柿、伊勢海老などを添えて飾ります。

御節料理

御節料理は、節日（本章第2節参照）に神に供えた料理から始まったといわれています。一の重から与の重まで用いるのが正式です。

❷ 正月のすごし方

屠蘇を飲んで1年の邪気をはらい、御節料理や雑煮を祝い箸で食べます。柳の丸箸（第5章第3節「参考」参照）を用います。

参考

【煤払いのならわし】

竹竿の先に藁をつけた道具で煤を払い、供え物をしたり、新しいしめ縄を張ったりします。

用語解説

【依代】

神霊が依りつくものとして、樹木、岩石、人形などを神霊の代わりとして祭ります。

参考

【鏡餅のならわし】

第1章第3節でも述べましたが、正月に、供えていた鏡餅を食べるさいに餅を割ることを、「運を開く」という意味も込めて鏡開きと呼びます。餅は、汁粉や雑煮にして食べます。

【雑煮の始まり】

歳神様に供えた餅と、そのほかの供え物を、若水（年男が元日にくんだ水）で煮て食べたことが、雑煮の始まりです。関東は澄まし仕立てに切り餅を入れ、関西は味噌仕立てに丸餅を入れるといわれますが、地方によってさまざまです。

【御節料理の縁起】

もとは、牛蒡（根がしっかりしている）、大根（消化を助ける）、里芋（子孫繁栄を願う）などの煮しめが中心で、黒豆（まめに働くに通じる）、数の子（子孫繁栄を願う）、昆布巻き（よろこぶに通じる）、田作り（ごまめともいい、五穀豊穣を願う）など縁起のよいものが加えられるようになりました。

2 五節供(ごせっく)のしきたりを学びましょう

Q2 五節供について、正しいものはどれでしょう。
（○×で答えましょう。） ※解答は別冊P.3

1. 節供は、日本でのみ生まれた行事である。
2. 端午(たんご)の節供は、もとは男の子だけの節供ではなかった。
3. 陽の奇数が重なることから、重陽(ちょうよう)の節供と呼ばれている。

> **ヒント** 中国の暦で定められた「節」が、日本の「折目節目(おりめふしめ)」の概念と融合し、特定の年中行事になったと考えられています。折目節目とは、ものごとの決まりや区切りとなるところのことで、人生の区切り、などの意味として用いられます。

五節供についての基本

人日の節供（1月7日）

人日の節供には、七草粥を食べますが、そこには災厄を除こうとする願いが込められています。七草粥は、正月にお酒やごちそうで疲れた胃を休めさせ、消化を助けて栄養のバランスをとります。先人の知恵を感じることのできる行事食です。

上巳の節供（3月3日）

上巳とは、月の初めの巳の日を指します。老若男女を問わず、災厄をまぬがれるために、紙で人形を作り、それで自分の体をなでてから水に流す行事だったものが、紙人形ではなく美しく立派な雛人形になり、女の子の節供として定着したといわれています。上巳の節供には、桃の花や葉を刻んで入れた酒を飲んで邪気をはらい、延命を祈ります。また、蓬餅も欠かせません。

端午の節供（5月5日）

端午とは、月の初めの午の日を指します。端午の節供は、もとは女性のための節供だったともいわれています。菖蒲が「尚武」に通じることから、男の子の節供となりました。菖蒲は、蓬とともに、邪気をはらうものと考えられています。端午の節供に、鯉のぼりを飾るのは、鯉が立身出世のシンボルとされていたことからです。また、粽と柏餅が欠かせません。

七夕（7月7日）

七夕は、乞巧奠、盆の禊や棚機つ女、また、収穫を祝う行事などが習合して伝えられたといわれています。棚機つ女は、織姫ともいって、日本にも存在していました。7月7日の夜に機屋にこもり、機のそばで神の降臨を待つ乙女であり、織姫と彦星の言い伝えもあります。七夕の笹竹飾りは、江戸時代に一般化しました。

重陽の節供（9月9日）

別名、菊の節供ともいわれています。重陽の節供には、高いところに登り、茱萸の枝を髪に挿し、菊の花を浸した酒を飲むと災いが避けられ、さらには、長寿を得ることができるともいわれていました。

参考

【七草粥の七草】

小笠原流の伝書に、七草は、「せり、なずな、ごぎょう、たびらこ、ほとけのざ、すずな、すずしろ」とあります。このうち、「たびらこ」を「はこべら」とした七草が一般的です。

【粽と柏餅の由来】

河に身を投げて亡くなった楚の国の屈原の供養のために、屈原の命日に竹筒に米を詰めて粽を作って投げ入れたことが由来といわれています。

また、柏の葉は、若葉が出ないと古葉が落ちないことから縁起がよいとされ、柏餅で祝います。

【七夕飾りの由来】

七夕の前夜に、硯を洗って乾燥させ、翌朝、芋の葉に付いた朝露ですった墨で短冊を書くと字が上達するといわれ、現在でも、短冊に字を書くと、字が上達すると考えられています。笹竹にかける五色の糸は「願いの糸」と呼ばれ、この糸をかけて2つの星に祈ると、願いごとがかなうともいわれています。

用語解説

【乞巧奠】

女子が裁縫、機織りなど手先の仕事の上達を祈る祭事のことです。

【禊】

身に罪やけがれがある場合や、神事を行う前などに、川や海で洗い清めることです。

3 | 五節供以外の年中行事を学びましょう

Q3 年中行事について、正しいものはどれでしょう。
（○×で答えましょう。） ※解答は別冊 P.3

1. 節分は、本来、年4回ある。
2. 月見は、十五夜または十三夜のどちらかに行えばよいとされている。
3. 春分の日と秋分の日は、彼岸の中日と呼ばれている。

ヒント 十五夜と十三夜の一方だけ月見をすることは、「片月見」または「片見月」といって、忌み嫌う地方もあります。

五節供以外の年中行事についての基本

節分（2月3日ごろ）

節分は、立春、立夏、立秋、立冬の前日をいい、本来は、年4回です。現在は、立春の前日を指します。節分に、「鬼は外」「福は内」と叫んで豆まきをするのは、平安時代の鬼にいり豆を投げて追い払う「追儺（ついな）」から生まれた風習といわれています。

彼岸

春分の日と秋分の日は彼岸の中日と呼ばれ、前後3日ずつを併せた7日間が彼岸の期間です。彼岸入りの前日には、仏壇の掃除をし、春は牡丹餅（ぼたもち）、秋は御萩（おはぎ）を作り、故人の好物なども一緒に供えます。彼岸には、祖先の霊を供養し、墓参りをします。

盆

7月13日に、道に迷わないようにと迎え火をたいて祖先の霊を迎えます。迎え火として、おがら（麻の皮をはいだ茎の部分）をたいたり、盆提灯（ちょうちん）を軒先に吊るします。そして、16日に、迎え火と同じ場所で送り火をたいて祖霊を送り出します。13日の朝は、盆棚を作り、野菜や果物、水、団子（だんご）を供えます。また、先祖の乗り物として、胡瓜（きゅうり）で作った馬、茄子（なす）で作った牛を供えます。なお、時季は、旧暦（第1章第3節参照）・新暦いずれで行うか、あるいは、13日ではなく、1日または7日または23日から始まるなど、地方により異なります。

月見

旧暦8月15日を、「十五夜」「中秋（ちゅうしゅう）の名月」「芋名月（いもめいげつ）」などと呼びます。また、旧暦9月13日を「十三夜」「後（あと）の月」「栗名月（くりめいげつ）」「豆（まめ）名月」などと呼びます。

冬至（12月22日ごろ）

1年のうち、もっとも昼の日照時間が短く、夜が長い日です。だんだんと寒さが増す時季で、健康を保って冬を過ごせるようにと、ビタミンやカロチンが多く含まれている南瓜（かぼちゃ）を食べて、野菜不足を補うようにした行事です。また、冬至に柚子湯（ゆずゆ）に入る風習もあります。柚子は、香りもよく、体の芯（しん）から温まり風邪（かぜ）の予防にもなるからです。

用語解説

【盆】

「盂蘭盆会（うらぼんえ）」を略しており、古代インドの文語（サンスクリット）である梵語（ぼんご）のウランバナが語源です。食べ物を供えて倒懸（とうけん）（逆さに吊るされること）に苦しんでいる霊を救うという意味です。

釈迦（しゃか）の弟子である目連（もくれん）が、飢えと渇きに苦しむ亡者の世界（餓鬼道（がきどう））におちて倒懸に苦しんでいる母を救おうと、さまざまなものを供えて救い出すことができたという故事が始まりです。

参考

【月見と秋の七草】

十五夜には、薄（すすき）のほかに、秋の七草、団子、里芋、果物などを供えて月見をします。また、十三夜には、薄、秋の七草、団子、果物、そして、里芋の代わりに栗や豆を供えて月見をします。

秋の七草とは、萩（はぎ）、尾花（おばな）（すすき）、葛（くず）、撫子（なでしこ）、女郎花（おみなえし）、藤袴（ふじばかま）、桔梗（ききょう）を指します。

プラス解説

【八十八夜】

立春から数えて88日目を八十八夜と呼びます。5月2日ごろになりますが、八十八を組み合わせると「米」の字になることもあり、農業を営む家にとって大切な日でした。

この時季から茶摘みが始まりますが、八十八夜に摘んだ茶を飲むと長生きするという言い伝えもあります。

第 8 章 理解度チェック

Q1 正月飾りについて、（　）の中にあてはまるもっとも適切な語句・数値を記入しなさい。

ア．松飾りなどの正月の飾り付けは、12月①（　　　）日は、「苦立て」や「苦待つ」、31日は「②（　　　　　）」といって嫌う風習があるため、避けたほうがよい。

イ．正月の飾り付けは③（　　　）日または④（　　　）日ごろに行い、1月7日または15日の⑤（　　　　　）に外す。

Q2 節分について、（　）の中にあてはまるもっとも適切な語句・数字を記入しなさい。
※同じ語句を使ってもよい。

ア．本来は、①（　　　　）、②（　　　　　）、③（　　　　　）、④（　　　　　）の前日をいい、年4回である。

イ．現在は、⑤（　　　　　）の前日を指し、⑥（　　　）月⑦（　　　）日ごろに行う。

Q3 五節供(せっく)について、（　）の中にあてはまるもっとも適切な語句・数字を記入し、表を完成させなさい。

日付	呼名
1月（　）日	人日(じんじつ)の節供
3月3日	（　　　　　）の節供
5月5日	（　　　　　）の節供
7月7日	七夕(たなばた)
9月9日	（　　　　　）の節供

第 8 章　年中行事について学びましょう

※解答・解説は別冊（P.15～16）

Q4 盆の行事について、簡単に説明しなさい。

Q5 彼岸について、（　）の中にあてはまるもっとも適切な語句・数字を記入しなさい。

ア．①（　　　）の日と②（　　　）の日は、彼岸の中日と呼ばれ、前後③（　　）日ずつを併せた④（　　）日間が彼岸の期間となる。

イ．彼岸入りの前日には、仏壇の掃除をし、春は⑤（　　　　）、秋は⑥（　　　　）を作り、故人の好物なども一緒に供える。

Q6 冬至について、簡単に説明しなさい。

column

五節供(ごせっく)の意味と大晦日(おおみそか)の行事

● 五節供

小笠原流の伝書に、「五節供のこと。諸悪鬼の日なり。ゆえに祝いをなし、その厄をのがれるといえり」と記されています。

五節供は、諸悪鬼をはらい、五穀豊穣(ごこくほうじょう)と健康長寿を祈っていたものが、しだいに祝いの日として認識されるようになりました。

● 大晦日

月の最後の日を「晦日」、さらに、年末を「大晦日」といいます。大晦日に、年越しそばを食べるのは、幸せが、そばにちなんで「長く続く」ようにという説があります。また、江戸時代に、金銀の細工師が、手に付いた金箔を取るのにそば粉を練って使っていたので、そばは金を集めると考えられていたからという説もあります。

大晦日に、除夜(じょや)の鐘を108回つくのは、人間の108の煩悩(ぼんのう)をはらうということに由来します。また、1年12か月、二十四節気(にじゅうしせっき)、七十二候(しちじゅうにこう)を合わせて108になることにも由来します。

第9章

基本的な見舞い・贈答の心得を学びましょう

1 病気・けがの見舞い について考えましょう

Q1 病院の見舞いに関して、正しい心得はどれでしょう。
（○×で答えましょう。） ※解答は別冊 P.3

1. 入院の知らせを受けたら、すぐに見舞いに伺うことが礼儀である。
2. 見舞いには、きれいな切り花を差し上げると喜ばれる。
3. 面会時間は、短くすることが基本である。

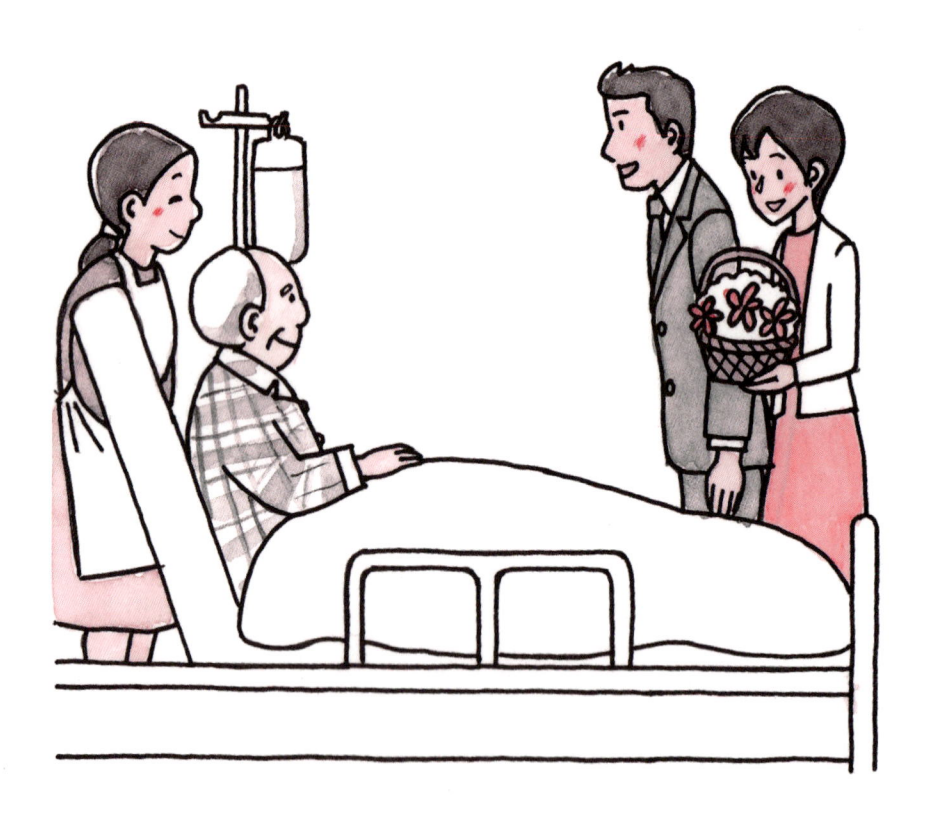

ヒント 切り花の花束は、花器が必要になります。見舞いの品に花を選ぶ場合は、フラワーアレンジメントがよいでしょう。

病気やけがの見舞いの心得

❶入院や手術の直後の見舞いは避ける

　病気やけがの症状を確認したうえで見舞いに伺うことが基本です。

　ただし、特に女性は、化粧をしていないことや寝巻き姿であることなど、身だしなみが整えられていない状態で人と対面することを気にかける場合もあります。病状はもちろんのこと、こうしたことにも配慮を忘れず、そのうえで、見舞いに伺うかどうかを判断します。

　入院直後に1日でも早く見舞いに伺いたいと思う場合、あるいは、対面を控えたほうがよいと思う場合には、家族や付添いの人に、手紙やカードを添えた見舞い品を託しましょう。そのさい、付添いの人に対するいたわりや、励ましのことばも忘れないことです。

　相手を疲れさせたり、同室の患者の人に迷惑をかけないため、面会時間は短めにして失礼します。また、相手の容態によりますが、長期入院の場合は、一度だけでなく、何度か見舞いに伺う思いやりの気持ちも忘れてはなりません。

❷見舞いの品を選ぶときの心得

　まず、病状や容態が確かでない場合、食事の制限があることが考えられますので、食べ物を持参することは控えます。

　また、花束は、花器の準備が必要になるため、相手の負担になりかねません。見舞いには、フラワーアレンジメントのほうがよいですが、香りの強い花は避けます。花粉の落ちる花は、店であらかじめ処理をしてもらい、できるかぎり手入れの負担がない状態で差し上げます。

　病状にもよりますが、相手の好みに合わせ、こころがなごむような本やCDなどを選んでもよいでしょう。

参考

【見舞いの品の注意】
　鉢(はち)植えのものは「根付く」ことから「寝つく」、シクラメンは名前から「死苦」を連想させるため、見舞いには避けたほうがよいといわれています。

【見舞いのさいの注意】
　入院中の人に対して、病状を深く尋ねることは失礼であると心得ます。また、仕事や学校に関する話によって、不安な気持ちにならないよう、話題にも配慮が大切です。なお、子どもを連れて行くことは避けましょう。

【付添いの人への差し入れ】
　付き添っている人に対して、食べ物の差し入れを持参することもあります。その場合、食べ物に制限のある患者の目にふれないように渡す配慮も、忘れてはなりません。

プラス解説

【見舞いを受けた場合】
　病気やけがの見舞いに対しては、お礼と全快した報告を兼ねて、お礼状と快気内祝いを贈ります。
　快気内祝いとは、病気やけがの全快を祝うこと、または、全快したあと、お世話になった人や見舞いに来ていただいた人などへ差し上げる品のことです。

2 見舞いの心得を学びましょう

Q2 見舞いについて、正しい心得はどれでしょう。
（○×で答えましょう。） ※解答は別冊P.3

1. 災害見舞いには、すぐに役立つ食料品や日用品がよい。
2. 災害見舞いや火事見舞いには、目上の人に対しても、現金を贈ってもよい。
3. 陣中見舞いは、食べ物であれば、何を選んでもよい。

ヒント 陣中見舞いとは、知人や友人の写真展、作品展、芝居、コンサートなどのさいに差し入れるもののことです。食べ物が一般的ですが、取り分けがしやすいものを選びましょう。

病気・けが以外の見舞いの心得

❶ 災害見舞いの心得

　地震や台風などの天災は、突然に起こるものです。

　基本的に、災害見舞いは、時間を置くのではなく、**迅速な対応**が大切です。**すぐに役立つ**食料品、衣類、日用品、薬品などを持参します。使用したことのある衣類は、たとえ汚れていなくても、クリーニングされているものを差し上げるのが当然のことです。

　しばらくして、状況が落ち着いてからの災害見舞いは、先方へ必要なものを尋ねてもよいでしょう。

　また、何かと物入りの状況が考えられるため、現金を贈ることもあります。

❷ 火事見舞いの心得

　天災と同様に、火事も突然に起こるものです。精神的なショックも、大きいことが予想されます。近所の人なら、すぐに駆けつけて励ましのことばをかけましょう。

　災害見舞いと同様に、食料品など、**すぐに役立つもの**のほか、目上の人に現金を贈っても失礼にはなりません。

❸ 陣中見舞い（楽屋見舞い）の心得

　写真展、作品展、スポーツの合宿などへ差し入れを持参する場合があります。あるいは、芝居、コンサート、稽古事（けいこごと）の発表会などで楽屋に伺う場合などもあります。

　見舞いの品は、**基本的に食べ物**が多いです。ただし、切り分けるなど手を加える必要がなく、さらに、皿やフォークなどがなくても食べられるものがよいでしょう。

　当日、相手が忙しい場合、**無理に本人に挨拶をしようとしない**ことです。受付で、名刺やメッセージカードを添えた贈り物を預け、後で渡していただくようにお願いする気遣いも大切です。

> **プラス解説**
>
> **【見舞いを受けた場合】**
>
> 　災害見舞いのお返しは必要ありませんが、落ち着いたらお礼状を出します。
>
> 　また、陣中見舞いには、お礼状を欠かすことができきません。

3 季節の贈答品の基本を学びましょう

Q3 お中元とお歳暮について、正しい心得はどれでしょう。
（○×で答えましょう。）　※解答は別冊P.3

1. お中元は、7月初旬から7月15日ごろまでに贈る。
2. お歳暮は、12月20日ごろまでに贈る。
3. お中元やお歳暮のお礼状は、1週間以内に出す。

> **ヒント**　お中元やお歳暮にかぎらず、贈答を受けたさいのお礼状は、2～3日以内に送りましょう。

お中元とお歳暮について

近年では、虚礼廃止などといわれ、お中元やお歳暮の習慣が薄れはじめています。しかしながら、日ごろの感謝を伝えることができる大切な贈答の習慣が失われてしまうのは、残念なことです。高価なものを贈ることが、正しいわけではありません。無理のない範囲で、感謝の気持ちを品物に託す贈答を、現代でも活用しましょう。

❶お中元の由来と贈答品

7月初旬～15日の間、日ごろお世話になっている人へのお礼の気持ちとして贈る品をお中元と呼びます。旧盆の習慣がある地域では、8月初旬～中旬に行う場合もあります。7月15日は、道教の三官信仰で人間の贖罪（犠牲や代償をささげ、罪をつぐなうこと）の日にあたり、この風習が日本の祖先の霊を祭る盆の行事と習合して根付いたとされています。

日本では、昔から、7月15日ごろに、祖先の霊に対する供え物を親元へ持ち寄ったり、近所でも品物のやりとりが行われていました。現在のお中元の品物に食べ物が用いられることは、こうした背景があるからでしょう。また、お中元の起源の一つといわれる八朔（田の実の節供）の贈答は、武家にも伝わりました。室町時代、特に、主従関係の不安定な時期、武士の間での贈答品は、太刀や馬など武具が中心で、田の実が「憑み（＝頼み）」と変化し、頼み合う意味が加わりました。

❷お歳暮の由来と贈答品

お中元と同様に、日ごろお世話になっている人への贈答をいいます。年末から正月にかけての魂祭り（健在の親に対する生御魂を含む）の供え物や、歳神様からいただく年玉に由来し、本来は、大晦日にかぎられていたともいわれています。

昔は、親、里の親、仲人、親方などへ、1年のお礼の挨拶として、正月を迎える準備を始める12月13日に贈られていました。現代も、13日を中心と考え、20日ごろまでに贈りましょう。

参考

【7月歳暮】

お中元、お歳暮、いずれの贈答も、起源は、祖先の霊への祭りの供物に由来するといわれています。お盆の時期も祖霊を祭ることから、お中元を「盆歳暮」「7月歳暮」と呼ぶことがあります。

用語解説

【道教】

中国古来の巫術、老荘道家の思想、神仙思想、陰陽五行説などを取り入れた中国三大宗教（儒教、仏教を含んで）の1つです。

【三官】

三官とは、上元（1月15日）生まれの天官、中元（7月15日）生まれの地官、下元（10月15日）生まれの水官のことです。天官大帝は福を授ける神様、地官大帝は罪を赦す神様、水官大帝は災厄をよける神様とされています。

参考

【八朔の贈答】

小笠原流の伝書には、「八朔の贈答」について書かれている箇所があります。八朔とは、8月1日のことです。早稲が実るころのため、「田の実の節供」ともいわれます。

早稲の実を土器（うわぐすりをかけずに焼いた素焼きの器）に入れたものを、協力して働いた農民たちがつまみ合い、収穫を祝いました。

第9章 理解度チェック

Q1 病気・けがの見舞いについて正しいものをすべて選び、記号に○を付けなさい。

　ア．入院の連絡を受けたら、すぐに見舞いに伺うことが望ましい。
　イ．すぐに見舞いに伺う場合は、家族や付添いの人に手紙やカードを添えた見舞い品を託す。
　ウ．見舞い品に花束を持参すると花器が必要となるため、フラワーアレンジメントのほうがよい。
　エ．鉢(はち)植えは「寝つく」に通じるため、見舞い品には避けたほうがよいといわれている。
　オ．見舞いの面会時間は、長いほど喜ばれる。

Q2 病気・けが以外の見舞いについて正しいものをすべて選び、記号に○を付けなさい。

　ア．災害見舞いは、迅速に行うことが大切である。
　イ．災害見舞いに現金を贈ることは、相手に失礼である。
　ウ．災害見舞いをいただいた場合、基本的にお返しをする。
　エ．陣中見舞いには、切り分ける必要がなく、すぐに食べられるものが好ましい。
　オ．友人の作品展に伺ったさい、本人が忙しくしているときには、受付で名刺やメッセージカードを添えた贈り物を預ける。

第 9 章　基本的な見舞い・贈答の心得を学びましょう

※解答・解説は別冊（P.16 〜 17）

Q3 見舞いの品について、（　）の中にあてはまるもっとも適切な語句を語群から選び、記入しなさい。

ア．病気の見舞いの場合、病状や容態が確かでないときは①（　　　　）があることも考えられるので、②（　　　　）を持参することは控える。

イ．病気の見舞いの場合、③（　　　　）に合わせ、こころがなごむような④（　　　　）や⑤（　　　　）などを選んでもよい。

ウ．病気やけがの見舞いに対しては、お礼と全快した報告を兼ねて、⑥（　　　　）と⑦（　　　　）を贈る。

エ．火災見舞いでは、⑧（　　　　）、⑨（　　　　）、⑩（　　　　）など、すぐに役立つものを贈るとよい。

〈語群〉

食事の制限　　相手の好み　　衣類　　日用品　　本　　ＣＤ　　薬品
食べ物　　見舞い状　　お礼状　　快気内祝い

Q4 季節の贈答について正しいものをすべて選び、記号に○を付けなさい。

ア．お中元（ちゅうげん）は 6 月末〜 7 月 15 日までに贈るのが望ましい。

イ．お中元の時期に、武士の間で行われていた贈答の習慣では、米が贈答品として頻繁に用いられていた。

ウ．お歳暮（せいぼ）は 12 月 13 日を中心と考え、20 日ごろまでに贈るのが望ましい。

column 表書きの例

　日常の贈答などの場面で用いる表書きには、以下のものがあります（慶弔(けいちょう)に関するものは、付録②参照）。

場面		表書き
日常の場面の表書き	お礼	「御礼」
	目上の人へのお礼	「謹謝(きんしゃ)」
	目上の人への贈り物	「謹呈(きんてい)」「拝呈」
	同輩や目下の人への贈り物	「進呈」
	こころばかりのお礼	「松の葉」「まつのは」「みどり」
	年始の挨拶(あいさつ)の品	「御年賀」
	寒中見舞い	「寒中御見舞」
	暑中見舞い	「暑中御見舞」
	お中元(ちゅうげん)	「御中元」
	お歳暮(せいぼ)	「御歳暮」
	厄除(やくよ)けのお礼	「祈祷料(きとう)」
見舞いの表書き	見舞い	「御見舞」
	災害の見舞い	「災害御見舞」
	火災の見舞い	「火災御見舞」
	地震の見舞い	「地震御見舞」
	楽屋の見舞い	「楽屋御見舞」
	選挙やスポーツなどの見舞い	「陣中御見舞」

第10章

服装の心得を学びましょう

1 ビジネスシーンでの身だしなみを学びましょう

Q1 ビジネスシーンでの正しい身だしなみはどれでしょうか。
（○×で答えましょう。）　※解答は別冊 P.3

1. アルバイトの場合は、特に身だしなみに注意することはない。
2. 身だしなみのポイントの1つは、清潔感を保つことである。
3. 節度ある生活をし、健康を保つことが、身だしなみにもつながる。

> **ヒント**　自分の好みだけでなく、年齢を問わず、だれからも好感をもたれる身だしなみを
> こころがけましょう。そのためには、日ごろから健康を保つことも大切です。

身だしなみを整えることの意味

❶身だしなみを整えることは働く人の責任である

ビジネスシーンでは、なぜ、身だしなみを整えることが大切なのでしょうか。それは、個人の印象だけでなく、勤め先全体の印象につながる可能性があるからです。

正社員であるかによらず、仕事をして給与を得ている人は、そこに勤めている責任があることを忘れてはなりません。

> **参考**
> 【身だしなみのポイント】
> ・清潔感を保つこと
> ・働く場にふさわしい（働く場の雰囲気と合っている）こと
> ・仕事の妨げにならず機能的であること
> 　たとえアルバイトであっても、身だしなみを整えることは、勤める側の責任の1つと心得ることが大切です。

身だしなみのチェックポイント

頭髪	・清潔であるか（とかしているか、ふけはないか、など） ・職場にふさわしいヘアスタイルか（色も含む） ・前髪や横の髪が、顔にかかっていないか（長い髪の場合は、まとめているか）	☐ ☐ ☐
顔	・清潔であるか（洗顔・歯磨きをしているか、口臭・耳あかがないか、など） ・鼻毛やひげは伸びていないか ・職場にふさわしい化粧か（派手になっていないか、落ちていないか、など）	☐ ☐ ☐
手	・手やつめが汚れていないか ・つめが伸びていないか ・つめを過度に飾っていないか	☐ ☐ ☐
服装	・服（襟や袖口）が汚れていないか ・服にしわやほころびがないか（折り目にアイロンがかかっているか） ・服の型崩れはないか ・腕まくりをしていないか ・制服の場合は、指定されたとおりに着用しているか ・アクセサリーが邪魔になっていないか ・ポケットに物を入れすぎてしまっていないか	☐ ☐ ☐ ☐ ☐ ☐ ☐
香り	・香水の香りが強くないか ・たばこの匂いが髪や服についていないか	☐ ☐
足元	・清潔な靴下やストッキングを履いているか（派手な色柄ではないか、ストッキングが伝線していないか） ・ビジネスシーンに適した靴選びをしているか ・靴が汚れていないか ・靴のかかとがすり減っていないか	☐ ☐ ☐ ☐

❷健康を保つことも身だしなみに含まれる

その人の健康状態は、顔色や雰囲気に表れるものです。節度ある生活をすることも、社会人としての責任の1つです。

朝食を抜かずに、バランスのとれた食生活をこころがけます。また、十分な睡眠をこころがけ、心身ともに健康であるように努めましょう。

2 和装の基本を身につけましょう

Q2 和装について、正しいものはどれでしょう。
（○×で答えましょう。） ※解答は別冊P.3

1. 男性は、略礼装であっても、半襟（はんえり）は白を用いる。
2. 女性の準礼装は、紋（もん）付きの訪問着がふさわしい。
3. 女性の略礼装は、革製の草履（ぞうり）やハンドバッグを用いてもよい。

ヒント 和装は、古来より日本文化の1つとして継承されてきたものです。男女ともに和装への関心を深め、さらには楽しむことができるよう、基本的な和装の心得を身につけてほしいものです。和装には、正礼装、準礼装、略礼装があります。男性の場合、正礼装、準礼装では、白の半襟を用います。

和装の種類

男性	正礼装	準礼装	略礼装
羽織、長着	黒無地羽二重で抜紋の五つ紋付き	色羽二重で五つ紋付きまたは三つ紋付き	お召や紬などの一つ紋付き
袴	仙台平の馬乗袴（ズボン型）	仙台平やお召の馬乗袴、行灯袴（筒型でスカート状）、仕舞袴	仙台平やお召の行灯袴
帯	錦や綴れなどで、無地の角帯		博多織、西陣織などの角帯
長襦袢、半襟	白		色無地（紺、茶、グレー、黒など）の羽二重、半襟も色物
羽織紐、足袋	白		白が基本
草履	畳表の雪駄で、鼻緒は白	畳表の雪駄で、鼻緒は白のほか黒や濃紺	畳表の雪駄で、鼻緒は黒や濃紺（白は用いないこと）

女性	正礼装	準礼装	略礼装
着物	既婚者は黒地または色地で五つ紋付きの留袖、未婚者は振袖	三つ紋付きまたは一つ紋付きの訪問着	付け下げ、一つ紋付きまたは無紋の色無地
帯	丸帯または袋帯、金銀を基本	袋帯	袋帯または名古屋帯
長襦袢	白（留袖）、薄い色の無地またはぼかし（振袖）	薄い色の無地またはぼかし	薄い色の無地またはぼかし
半襟	白		白または色物
足袋	白		
帯揚げ	既婚者は白総絞り、白綸子縮緬、未婚者は総絞りの色物	正装に準じるが、絞り綸子の色物も可	準礼装に準じる
帯締め	既婚者は白または錦地の丸ぐけ、金または銀の平打ちまたは丸打ち、未婚者は錦地などの丸ぐけ、金、銀、ぼかしなどの平打ちまたは丸打ち	正装に準じるが平打ちまたは丸打ちの色物も可	準礼装に準じる
草履、ハンドバッグ	佐賀錦や金銀などの布製		布製のほか、革製でも可

用語解説

【長着】
丈が足首まである着物です。

【長襦袢】
着物の下に重ねて着るもので、下着の1種です。

【帯揚げ】
帯枕を包み、帯の上から見える和装の小物の1つです。帯枕は、帯を締めるさいにお太鼓のかたちを整えるために用いる枕状の和装小物です。

【帯締め】
帯の上に締め、帯が解けないようにするための紐です。

参考
【弔事の装い】

●男性の正喪服・準喪服

羽織、長着、袴ともに慶事に準じます。帯は錦の角帯以外で、長襦袢は色無地、半袴は黒またはグレー、羽織紐は黒またはグレーを用います。その他のものも慶事とは異なる点が多いので注意しましょう。

●女性の正喪服

五つ紋付きの黒無地ですが、一般会葬者は、一つ紋付きまたは三つ紋付きの落ち着いた色の無地に黒帯を着用します。帯揚げ、帯締め、草履、ハンドバッグはすべて黒にします。アクセサリーは、結婚指輪のみと心得ましょう。

3 男性の洋装の基本を身につけましょう

Q3 男性の洋装について、正しいものはどれでしょう。
（○×で答えましょう。）　※解答は別冊P.3

1. タキシードは昼夜問わず、準礼装として用いることができる。
2. 略礼装は制約が少ないだけに、品格を損なわないように注意が必要である。
3. ブラックスーツであれば、素材にこだわらず、喪服として用いることができる。

ヒント　タキシードは、夜の準礼装として着用するものです。また、一般会葬者は、ブラックスーツを着用しますが、光沢のある素材は避けましょう。

男性の洋装の心得

❶ 正礼装、準礼装、略礼装の心得

洋装にも、正礼装から略礼装までの3段階があります。略礼装は制約が少ないですが、品格を損なわないことを忘れないようにしましょう。

	昼	夜
正礼装	**モーニングコート** 黒の同素材の上着とベスト（またはグレーやアイボリーのベストも可）に縞のズボンを合わせることが基本。上着は腰から裾にかけて曲線にカットされているデザイン。	**燕尾服（えんびふく）** 黒の同素材の上着とズボン。上着は前の丈が短く、袴は絹がかぶせられ、後ろはツバメの尾のようなデザイン。ベストと蝶ネクタイは同素材の白。
準礼装	**ディレクターズスーツ** 上着は黒無地（濃紺やダークグレーも可）でベストを着用。ズボンは黒とグレーの縞。シャツは白。ネクタイは白黒の縞あるいはシルバーグレー。ポケットチーフは白またはグレー。	**タキシード（黒または濃紺）** カマーバンドまたはベストを着用。シャツは白。ネクタイは黒の蝶ネクタイ。ポケットチーフは白。
略礼装	**ブラックスーツまたはダークスーツ** シャツは白が基本。ネクタイはシルバーグレーまたはシルバーグレーに準じる色柄のもの。ポケットチーフは白が基本（ネクタイと同柄でもよい）。	**ダークスーツ** シャツ、ネクタイなどは昼間に準じる。ベルベットやシルクなどの光沢のある素材などを用いることにより、ドレスアップ度を深めるとよい。

❷ 喪服についての心得

喪主、遺族、親族は正喪服を着用します。モーニングコートで、スラックスはダークな縞柄、白のシャツ、黒のベスト（白襟は外す）、黒無地のネクタイ、黒のソックス、黒の紐結びの靴を合わせます。モーニングは通夜（つや）には適さないため、喪主でも準喪服のブラックスーツを着用します。

一般会葬者は、準喪服のブラックスーツを着用しますが、光沢のある素材は避けます。シャツは白、ネクタイは黒無地、ソックスも黒を用います。その他のものも黒が基本で、靴は紐結びのものが好ましく、用いるものに金具が使用されている場合は、すべてシルバーのものを選びましょう。

参考

【洋装の心得】

現代の一般的な日常の装いは、和装に比べて洋装のほうが圧倒的に多いでしょう。だからこそ、自分を基準としたファッションを楽しむのではなく、T（Time：時）P（Place：場所）O（Occasion：場合）に応じた服装をこころがけ、周囲に不快感や違和感を与えることのないようにしたいものです。

【靴への心配り】

内羽根式（うちはね）の紐結びの靴は、フォーマルな印象をつくり、慶弔（けいちょう）ともに用いることができます。ただし、燕尾服とタキシードには、エナメルのオペラパンプスを用います。また、フォーマルな服装には、靴底がゴム製であることがわかるような靴は避けます。外出前に、靴の手入れも忘れずに行いましょう。

【喪章】

喪章は遺族と世話人が用います。したがって、一般会葬者が着けることはありません。

【急な知らせで弔問（ちょうもん）する場合】

あらかじめ亡くなることを予期していたかのような印象を与えないため、喪服ではなく、ダークスーツや地味な色の平服で駆けつけます。勤務先から直接出向く場合、派手な色のメイクやアクセサリーは慎みます。

4 | 女性の洋装の基本を身につけましょう

Q4 女性の洋装について、正しいものはどれでしょう。
（○×で答えましょう。） ※解答は別冊 P.3

1. 洋装は、和装と同様に、正礼装、準礼装、略礼装の3段階の装いがある。
2. 昼夜ともに、輝きのあるアクセサリーは、フォーマルな印象が増してよい。
3. 夜と比べて、昼の装いは、肌の露出を抑えるべきである。

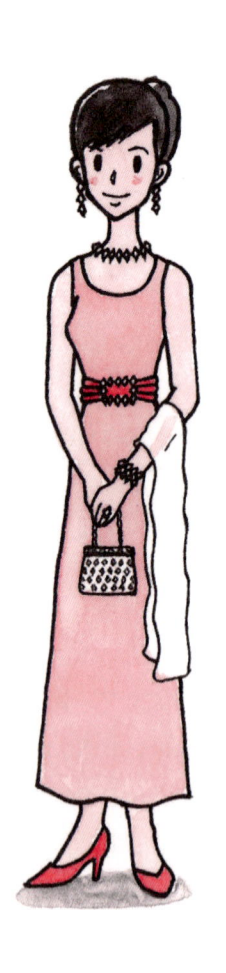

> **ヒント** 装いとアクセサリーは、昼夜で使い分けましょう。昼の装いは、露出を抑えます。アクセサリーについては、本章コラムも参考にしてください。

女性の洋装の心得

❶ 正礼装、準礼装、略礼装の心得

	昼	夜
正礼装	**アフタヌーンドレス** ローブモンタントが原型。衿元（えりもと）は広く開けずにつまった感じで、袖丈は長袖、7分丈または8分丈。ワンピースが正式だが、アンサンブルやツーピースなどでも可。	**イブニングドレス** ローブデコルテが原型。袖なしで胸元や背を大きく開け、裾は後ろを長く引くデザインもあり、丈が長い。
準礼装	**セミアフタヌーンドレス** アフタヌーンドレスに比べてスカート丈に制約は少ない。胸元・背中は開けない（派手にならないようにする）。靴はスエードやスムース革を用いたパンプスまたはバックベルトタイプ。	**ディナードレスまたはカクテルドレス** ワンピースやツーピース（パンツスーツも含まれることがある）でシフォン、タフタ、サテンなどの光る素材。アクセサリーは輝きのあるもの、光沢のあるシルクやビーズを用いた小型のハンドバッグなど。靴はスムース革、エナメル革、金・銀の布地などを用いたパンプスまたはサンダル。
略礼装	**インフォーマルドレス** 靴はスエードやスムース革を用いたパンプスまたはバックベルトタイプ。	**インフォーマルドレス** 靴はスムース革、エナメル革、金・銀の布地などを用いたパンプスまたはサンダル。

❷ 喪服についての心得

遺族や親族は、黒のワンピース、黒のツーピース、黒のアンサンブル（いずれも衿のつまった長袖のもの）など、正喪服を着用します。丈は膝（ひざ）丈からくるぶし丈まで、袖丈は夏でも7分丈程度の長めのものを用いましょう。手袋、ストッキング、靴、ハンドバッグなど、すべて黒のものを用います。

靴とハンドバッグは、光沢のない布製または革製で、留め金のないもの（あってもめだたないもの）を選びます。アクセサリーを用いる場合は、真珠（一連）が一般的です。

一般会葬者は、準喪服（正喪服と同様に、黒のワンピースや黒のアンサンブル）を用います。丈は膝丈からふくらはぎ丈までです。鞄やハンドバッグなどの小物も正喪服に準じます。

参考

【略礼装の場合】

略礼装は、デザインに制約はないものの、デザインや素材がカジュアルにならないように注意し、フォーマルな感じを失わないようにこころがけます。

夜の略礼装も、デザインに制約がないため、普段着の雰囲気にならないようにします。アクセサリー、ハンドバッグ、靴に光沢のある素材のものを用いるとよいでしょう。

【「平服で」とある場合】

たとえ招待状に「平服で」とあっても、カジュアルな服装は適さないため、略礼装程度の服装をこころがけましょう。招かれる側にも、会場内にふさわしい雰囲気をつくる責任があることを忘れてはなりません。

【インフォーマルドレスの場合】

ワンピース、スーツ、ブラウスとスカートなど、日常に用いることのできるデザインのものであっても、アクセサリーや小物を用いてフォーマルな装いをこころがけます。

【急な弔問（ちょうもん）・通夜（つや）など】

略喪服を用いることがあります。略喪服は黒以外に濃紺やダークグレーのワンピース、アンサンブルなどですが、決して胸元が開いているものは着用せず、華美にならないようにします。

第 10 章 理解度チェック

Q1 身だしなみについて、（　）の中にあてはまるもっとも適切な語句を記入しなさい。

ア．身だしなみを整えることは、働く人の①（　　　　）である。身だしなみが、②（　　　　）の印象だけでなく、③（　　　　）の印象につながる可能性がある。

イ．④（　　　　）は、顔色や雰囲気に表れる。バランスのとれた⑤（　　　　）と十分な⑥（　　　　）をこころがけることも、身だしなみの1つである。

Q2 和装の心得について正しいものをすべて選び、記号に○を付けなさい。

ア．男性は、正礼装・準礼装・略礼装ともに、長襦袢・半衿・足袋・羽織紐はすべて白のものを用いる。
イ．男性の袴のかたちには、馬乗袴、行灯袴、仕舞袴などの種類がある。
ウ．女性の正礼装は、既婚者は訪問着、未婚者は振袖を用いる。
エ．女性の略礼装は、付け下げ、一つ紋付きまたは無紋の色無地である。
オ．男性の正喪服・準喪服は、羽織、長着、袴、長襦袢、半衿など、すべて慶事と同様である。
カ．女性の一般会葬者の和装は、一つ紋付きまたは三つ紋付きの落ち着いた色の無地に黒帯を用いる。

Q3 男性の洋装について、❶〜❹にあてはまる洋装をア〜エから選び、線で結びなさい。

❶昼の正礼装　　　・　　　・　ア．タキシード
❷昼の準礼装　　　・　　　・　イ．燕尾服
❸昼または夜の略礼装　・　　・　エ．ディレクターズスーツ
❹夜の正礼服　　　・　　　・　ウ．ダークスーツ
❺夜の準礼服　　　・　　　・　オ．モーニングコート

第 10 章　服装の心得を学びましょう

※解答・解説は別冊（P.17～19）

Q4 弔事の一般会葬者の装い（洋装）について、❶男性、❷女性それぞれを簡単に説明しなさい。

❶男性の一般会葬者

❷女性の一般会葬者

Q5 女性の洋装について正しいものをすべて選び、記号に○を付けなさい。

ア．昼のパーティでは、夜に比べて、胸元や背中など肌の露出を控えめにしたほうがよい。

イ．夜のパーティでは、昼に比べて、ラメやパールなどの入った化粧品を用いて華やかに仕上げるとよい。

ウ．夜の略礼装はフォーマルな感じを失わないようにこころがけるが、昼の略礼装はカジュアルな感じにする。

エ．夜のパーティでは、略礼装であっても、輝きのあるアクセサリーや光沢のある素材を用いたハンドバッグや靴を合わせるとよい。

オ．招待状に「平服」とある場合は、カジュアルな服装を用いる。

column アクセサリー・化粧・香り

● アクセサリー

　和装の場合、ネックレス、ピアスなどを合わせることは好ましくありませんので、注意しましょう。

　女性の洋装の場合、昼は、胸元や背中などを開けず、アクセサリーは半透明のものを基本に用います。夜は、昼と比べて華やかな装いで、胸元や背中などを開けてもよく、輝きのあるアクセサリーを添えたりします。TPO（本章第3節参照）に応じた装いをこころがけましょう。

　略礼装では、正礼装にも用いられる真珠のアクセサリーなどを合わせると、ドレスアップした印象をつくることができます。

● 化粧

　化粧を整えることは、女性としてのたしなみの1つです。昼に比べて夜の席には、ラメやパールなどの入ったアイシャドーやフェイスパウダーなどを使用して、華やかに仕上げるとよいでしょう。

● 香り

　昼はさわやかな香り、夜は華やかな香りなど、香りもTPOに応じて使用します。なお、弔事では、香りは用いないことが基本です。

付　録

❶ 手紙の文書例
❷ 金子（きんす）包み（祝儀袋（しゅうぎぶくろ）・不祝儀袋（ぶしゅうぎぶくろ））

❶ 手紙の文書例

文書例 ❶ 資料送付のお願い

拝啓　春暖の候、貴社ますますご清栄のこととお慶び申し上げます。

さて早速ではございますが、私は来春に◯◯大学を卒業する予定で、現在求職活動を行っております。大学での専攻を生かすことのできる職に就きたいと思い、貴業界について研究を行ってまいりました。つきましては、貴社の会社案内および新卒者募集要項を送付いただきたく、お願い申し上げます。

ご担当の方におかれましては、お忙しいところ誠に恐縮とは存じますが、右、お取り計らいいただきたく、何卒よろしくお願い申し上げます。

敬具

平成◯◯年◯月◯日

株式会社◯◯　人事部御中

佐藤裕美

文書例 ❷ 相談へのお礼

拝啓　寒冷の候、田中様におかれましてはますますご清祥のこととお慶び申し上げます。先日はご多忙にもかかわらず、貴重なお時間を頂戴いたしまして、こころより御礼申し上げます。

さて、就職に関しまして、自分の進むべき方向を見極めるお話を伺い、こころより感謝申し上げます。お忙しいところ恐縮ではございますが、今後もご相談することが叶いましたら幸いと存じます。何卒お力添えを賜りますよう、お願い申し上げます。

季節柄、くれぐれもお身体おいといください。

まずは取り急ぎ、略儀ながら書中をもちまして御礼申し上げます。

敬具

平成◯◯年◯月◯日

田中博雅様
机下

秋本聡子

文書例 ❸ 遅刻のおわび

冠省

早速ではございますが、本日はお忙しいところ、面会のお約束を頂戴していたのにもかかわらず、お待たせいたしましたことをこころよりお詫び申し上げます。

本来でございましたら、再度こちらからご連絡を差し上げ、日時の確認をするべきところ、それを怠ったゆえにこのような非礼をおこなわせてしまったことを、深く反省しております。

今後はこのような失礼がないよう、またご迷惑をおかけすることがないように努めてまいる所存でございますので、なにとぞご寛恕ならびにかわらぬご指導ご高誼を賜りますよう、伏してお願い申し上げます。

まずは取り急ぎ略儀ながら書中にてお詫び申し上げますよう、

不一

平成◯◯年◯月◯日

小山由紀子様
御前に

斉藤大介

文書例 ❹ 贈答のお知らせ

拝啓　盛夏の候、ますますご清栄のこととお慶び申し上げます。

平素は、身に余るご指導ご厚情を賜りましてこころより御礼申し上げます。

つきましては、感謝の気持ちを込めまして、本日、別送にて桃をお送りいたしましたので、ご笑納いただきましたら幸いに存じます。

暑さ厳しき折柄、くれぐれもご自愛くださいますようお祈り申し上げます。

まずは略儀ながら書中にてご挨拶申し上げます。

敬具

平成◯◯年◯月◯日

伊藤優子様
御許に

中村信吾

❷金子包み（祝儀袋・不祝儀袋）

　品物を紙で包むさいの包み方を、折形といいます。このうち、一般に、祝儀袋・不祝儀袋といわれているものを金子包みと呼んでいます。

　折形は、室町時代、すでに40種以上の折形を完成していた小笠原流をはじめ、昔の儀式・作法に通じた故実家たちによって、贈答に不可欠なものとして定着してきました。

　折形には、白い紙を用います。白い紙で包むことは、贈る側の身のけがれを清めて、外界の悪疫から贈り物を遠ざけようとする表現でもあります。

❶ 水引の種類

●真結び　　●あわび結び（あわじ結び） 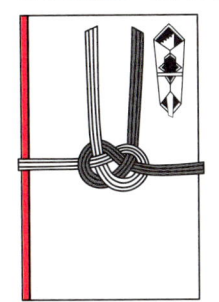　　●もろわな結び

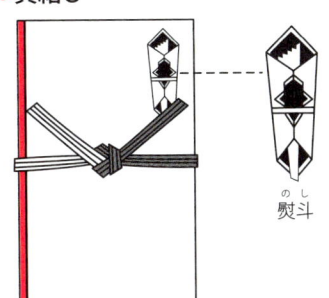

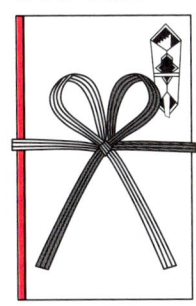

●真結び・あわび結び（あわじ結び）
　一度結ぶと、端を引っ張ってもほどけない結び方です。このため、二度と繰り返すことのようにという願いを込める場合や、節目として祝いをしたい場合などに用います。

●もろわな結び
　一般的には、蝶結びと呼ばれる結び方です。端を引っ張るとほどけることから、日常の贈答や、何回重なってもよい祝いに用いられます。

●熨斗
　金子包みの右上についているものを、熨斗といいます。中に包まれているのは、鮑に熱を加えて伸ばした（熨した）もので、代表的な神への供え物であったことに由来します。

　なお、仏事では、魚や獣肉などの生臭物を断つため、熨斗は用いません。

❷ 金子包みの包み方と表書き

〈包み方〉　●慶事（一般の贈答）　　●弔事

←水引　　←水引

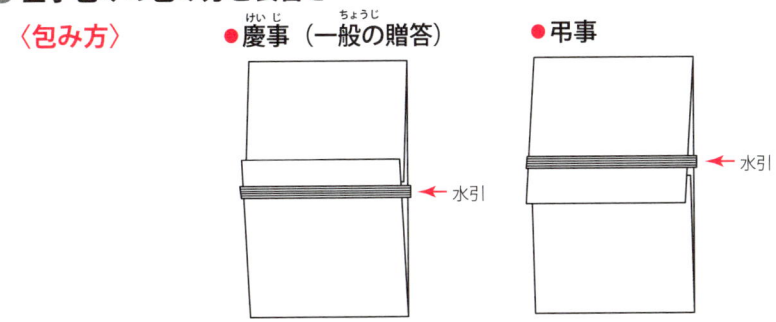

〈表書き〉

慶事	表書き
結婚の祝い	「結婚御祝」「御結婚御祝」「寿(ことぶき)」
入学の祝い	「入学御祝」「御入学御祝」
卒業の祝い	「卒業御祝」「御卒業御祝」
昇進の祝い	「昇進御祝」「御昇進御祝」「祝御昇進」
就任の祝い	「御就任祝」「御就任御祝」
勇退(自分の意思で辞職すること)の記念品	「御勇退記念」
引退(定年退職すること)の記念品	「御引退記念」
還暦(かんれき)の祝い	「還暦御祝」「祝還暦」 (古希(こき)なども同様に、「○○御祝」「祝○○」)
弔事	表書き
仏式の通夜(つや)・告別式	・浄土真宗系以外は「御霊前」 ・浄土真宗系は「御仏前」
仏式の葬儀	「御香料」「御香典」「御華料」「御線香料」 (四十九日以降は「御仏前」)
神式の葬儀	「御玉串料(おんたまぐしりょう)」「御榊料(おんさかきりょう)」「御神前料」
キリスト教の葬儀	「御花料」

●著者プロフィール

小笠原　敬承斎（おがさわら　けいしょうさい）

東京都に生まれる。小笠原忠統前宗家（小笠原惣領家32世主・平成8年没）の実姉・小笠原日英門跡の真孫。

聖心女子学院卒業後、英国留学。副宗家を経て、平成8年に小笠原流礼法宗家に就任。700年の伝統を誇る小笠原流礼法初の女性宗家となり、注目を集める。伝書に基づいた確かな知識で、門下の指導にあたるとともに、各地での講演や執筆活動を行っている。日本文化の1つである小笠原流礼法を伝える一方で、現代の生活とのバランス感覚も重視した礼法の普及に努めている。

著書に、『おそれいります』（講談社）、『美しいふるまい』（淡交社）、『美人の＜和＞しぐさ』（ＰＨＰ研究所）、『美人の教科書』（綜合社）、『小笠原流礼法入門 見てまなぶ日本人のふるまい』（淡交社）などがある。

小笠原流礼法ウェブサイト
http://www.ogasawararyu-reihou.com/

イラストでわかる　礼儀作法基本テキスト

2009年8月10日　　初版第1刷発行
2020年9月10日　　　　第14刷発行

著　者──小笠原敬承斎
　　　　　Ⓒ 2009 Keishosai Ogasawara

発行者──張　士洛
発行所──日本能率協会マネジメントセンター
〒103-6009　東京都中央区日本橋2-7-1　東京日本橋タワー
TEL　03(6362)4339（編集）／03(6362)4558（販売）
FAX　03(3272)8128（編集）／03(3272)8127（販売）
http://www.jmam.co.jp/

装　丁──岩泉卓屋
イラスト──白浜眞理子
本文DTP──有限会社タイプフェイス
印刷所──広研印刷株式会社
製本所──ナショナル製本協同組合

本書の内容の一部または全部を無断で複写複製（コピー）することは、法律で認められた場合を除き、著作者および出版者の権利の侵害となりますので、あらかじめ小社あて許諾を求めてください。

ISBN 978-4-8207-4586-0 C3034
落丁・乱丁はおとりかえします。
PRINTED IN JAPAN

好評既刊図書

ビジネス能力検定ジョブパス3級公式テキスト

一般財団法人職業教育・キャリア教育財団　監修

B5判　160頁

●内容──文部科学省後援ビジネス能力検定ジョブパス対応の唯一の公式テキスト。受験対象は就職活動を控えた方(専門学校生、短大・大学生等)。

ビジネスマナー基本テキスト

キャリア総研　著

B5判　176頁

●内容──簡単なクイズにチャレンジしてから、イラストや箇条書き主体の解説文でやさしくわかる構成です。練習問題で知識の確認ができ、この1冊でビジネスマナーの基本が身につきます。

ビジネスマナーがかんたんにわかる本

日本能率協会マネジメントセンター　編

四六判　184頁

●内容──職場でその日から使えるビジネスマナーを、イラストと図解を中心に見開き完結で解説します。必ず押さえたいポイントとねらいがセットでわかるしくみになっています。

接客サービス基本テキスト

キャリア総研　著

B5判　184頁

●内容──接客に求められる知識について、クイズにチャレンジしてから、イラストや箇条書き主体の解説文でやさしくわかる構成です。この1冊で接客サービスの基本が身につきます。

医療に従事する人のための　患者接遇マナー基本テキスト

田中千惠子　著

B5判　256頁

●内容──患者・家族への対応、担当業務ごとに求められる応対、患者のタイプに合わせた応対など、医療現場で働くために知っておきたいマナーの基本を網羅したテキストです。

介護福祉スタッフのマナー基本テキスト

田中千惠子　著

B5判　272頁

●内容──介護現場・福祉現場で働く心がまえ、利用者のタイプに合わせた応対、クレームへの応対、介護スタッフとして働くために必要な意識と基本マナーをやさしく解説します。

イラストでわかる
礼儀作法基本テキスト

別　冊

解答と解説

Q（○×クイズ）の解答

第1章 日本の礼儀作法を理解しましょう

Q1 (P.12)　　1. ○　　2. ×　　3. ○

Q2 (P.14)　　1. ○　　2. ×　　3. ×

Q3 (P.16)　　1. ○　　2. ×　　3. ×

第2章 正しい身のこなしを覚えましょう

Q1 (P.22)　　1. ×　　2. ○　　3. ○

Q2 (P.24)　　1. ○　　2. ×　　3. ○

Q3 (P.26)　　1. ×　　2. ×　　3. ○

Q4 (P.28)　　1. ○　　2. ×　　3. ○

Q5 (P.30)　　1. ○　　2. ×　　3. ○

第3章 美しいことば遣いを身につけましょう

Q1 (P.36)　　1. ○　　2. ×　　3. ○

Q2 (P.38)　　1. ○　　2. ×　　3. ○

Q3 (P.40)　　1. ×　　2. ○　　3. ○

第4章 電話・手紙の作法を身につけましょう

Q1 (P.46)　　1. ×　　2. ○　　3. ○

Q2 (P.48)　　1. ○　　2. ○　　3. ×

Q3 (P.50)　　1. ×　　2. ○　　3. ○

Q4 (P.52)　　1. ○　　2. ○　　3. ○

Q5 (P.54)　　1. ○　　2. ×　　3. ×

Q6 (P.56)　　1. ○　　2. ○　　3. ×

Q7 (P.58)　　1. ×　　2. ○　　3. ○

第5章 食事の作法を身につけましょう

Q1 (P.64)　　1. ○　　2. ×　　3. ○

Q2 (P.66)　　1. ○　　2. ×　　3. ○

Q3 (P.68)　　1. ○　　2. ○　　3. ○

Q4 (P.70)　　1. ○　　2. ○　　3. ×

Q5 (P.72)　　1. ×　　2. ○　　3. ○

Q6 (P.74)　　1. ○　　2. ○　　3. ×

Q7 (P.76)　　1. ×　　2. ×　　3. ○

第6章 訪問・招待の心得を学びましょう

Q1 (P.82)　　1. ✕　2. ◯　3. ◯
Q2 (P.84)　　1. ◯　2. ◯　3. ✕
Q3 (P.86)　　1. ✕　2. ✕　3. ◯
Q4 (P.88)　　1. ◯　2. ◯　3. ✕
Q5 (P.90)　　1. ◯　2. ✕　3. ◯
Q6 (P.92)　　1. ◯　2. ◯　3. ✕
Q7 (P.94)　　1. ◯　2. ✕　3. ◯

第7章 冠婚葬祭について学びましょう

Q1 (P.100)　　1. ✕　2. ◯　3. ◯
Q2 (P.102)　　1. ◯　2. ◯　3. ✕
Q3 (P.104)　　1. ✕　2. ✕　3. ◯
Q4 (P.106)　　1. ◯　2. ◯　3. ✕
Q5 (P.108)　　1. ✕　2. ◯　3. ◯
Q6 (P.110)　　1. ✕　2. ◯　3. ✕

第8章 年中行事について学びましょう

Q1 (P.116)　　1. ✕　2. ◯　3. ✕
Q2 (P.118)　　1. ✕　2. ◯　3. ◯
Q3 (P.120)　　1. ◯　2. ✕　3. ◯

第9章 基本的な見舞い・贈答の心得を学びましょう

Q1 (P.126)　　1. ✕　2. ✕　3. ◯
Q2 (P.128)　　1. ◯　2. ◯　3. ✕
Q3 (P.130)　　1. ◯　2. ◯　3. ✕

第10章 服装の心得を学びましょう

Q1 (P.136)　　1. ✕　2. ◯　3. ◯
Q2 (P.138)　　1. ✕　2. ◯　3. ◯
Q3 (P.140)　　1. ◯　2. ◯　3. ✕
Q4 (P.142)　　1. ◯　2. ✕　3. ◯

理解度チェックの解答・解説

解 答	解 説

第1章 日本の礼儀作法を理解しましょう (P.18〜19)

Q1
イ、ウ

ア．礼儀作法は、<u>相手を大切に思う「こころ」</u>と、そのこころを表現する「かたち」から成り立ちます。
イ．それぞれの状況に応じ、的確な判断に基づく美しい振る舞いが大切です。
ウ．作法やマナーを身につけていることに自信がない人などが同席している場合、すべてを作法どおりに振る舞うと、作法を知っていることをひけらかしている行動ととらえられ、相手に不快感を与えてしまうことも考えられます。
エ．まず、席に着いて、<u>全体の流れを滞らせないようにする</u>ことも、「礼の省略」として大切なことです。

Q2
①思いやり
②慎みのこころ
③先取り
④移り変わり

ア．己を慎み、相手を思いやることが、礼儀作法を身につけることにつながります。
イ．昔から、季節を過ぎたものは、縁起(えんぎ)が悪いと考えられてきました。

Q3
※解説のとおり。

着物の種類	着用する時季
袷(あわせ)	（10）月〜（4）月
単(ひとえ)	6月または5月半ば〜（9）月
（薄物）	7月〜8月

　季節に応じた着物を選びましょう。知っているうえでアレンジすることと、知らないままで用いてしまうことには、大きな差があります。

理解度チェックの解答・解説

解　答	解　説
Q4 ①外出のさい ②入浴のさい　③清潔感	浴衣を外出着に用いるのであれば、より身だしなみを意識しましょう。
Q5 （解答例） 　正月に供えていた鏡餅(かがみもち)を食べること。武家社会では、「切る」を連想させることばをできるかぎり用いないようにしたので、餅を切るのではなく、餅を割り、「運を開く」という意味も込めて鏡開きと呼ぶようになった。	縁起を担(かつ)ぐ言い伝えに込められた思いを理解し、上手に取り入れましょう。
Q6 ①屠蘇(とそ)　②塩 ③「う」の付くもの	なぜ、そのような言い伝えがあるのかを考えてみると、理解が深まります。 ①中国では、蘇の字は悪鬼を表すため、屠蘇には、「悪鬼を屠(ほふ)る（退治する）」つまり「邪気をはらう」という意味が込められています。また、屠蘇は、山椒(さんしょう)、桔梗(ききょう)、肉桂(にっけい)などの薬草を調合したものが、お酒や味醂(みりん)に浸されたもので、体によく、寿命を延ばすとも考えられています。 ②昔から、塩水（海水）は不浄のものや悪いものを取りはらうと考えられていました。一般的には、身を清めるために常時海水を用いることができないので、塩を使うようになったといわれています。 ③鰻(うなぎ)、梅干(うめぼし)、饂飩(うどん)、瓜(うり)などは、すべて夏ばてを防ぐ効果があることから、暑い時期である土用の丑(うし)の日に「う」の付くもの、特に、鰻が食べられています。

第2章 正しい身のこなしを覚えましょう (P.32〜33)

Q1 イ、ウ	ア．正しい姿勢は、<u>頭から足元まで</u>、すべてに注意を払ってこそ身につけられます。 イ．胴づくりは、あらゆる動作の基本です。 ウ．足を前に投げ出すようなことは避け、周囲に迷惑をかけ

解　答	解　説
	ないように注意しましょう。 エ．猫背は内臓を圧迫するなど、<u>健康にも悪影響を及ぼします</u>。
Q2 ①上体　②親指 ③3〜4　④そろえ ⑤ハの字	膝頭(ひざがしら)は、男性は握りこぶし1つ分程度空け、女性はそろえます。顎(あご)が前に出ないように注意しましょう。
Q3 （解答例） ①礼三息(れいさんそく) 　お辞儀のさい、息を吸いながら身体を前傾させ、止まったところで息を吐(は)き、再び息を吸いながらもとの姿勢に戻る息遣いのこと。 ②残心(ざんしん) 　お辞儀を終えたからといって、すぐに次の行動に移るのではなく、最後まで相手にこころを残すこと。	お辞儀は、ことばを用いなくても、相手に対する敬意や感謝の意を伝えることができるため、大切な振る舞いの1つです。
Q4 ①膝(ひざ)　②かかと　③足の指 ④髪の毛　⑤お腹　⑥上体 ⑦腰　⑧足の裏	左右の足ともに、1本の線を挟(はさ)んで歩くようにすることをこころがけましょう。
Q5 ①経由する状態：跪座(きざ) ②活用するとき （解答例） ・低い位置にあるものを取るとき、無理な姿勢をとらずに動作ができる。 ・足がしびれてしまったとき、跪座の姿勢でしびれを治せる。	正座から立つとき、立った状態から正座になるとき、いずれも跪座を経由すると、動作がスムーズになります。

理解度チェックの解答・解説

	解 答	解 説	

Q6
※解説のとおり。

回数	動作	理由
1度目	少しだけ襖を開ける。	「これから入ります」という（合図）になる。
2度目	（体の中心）まで開ける。	中にいる人は（居ずまい）を正し、開けている人は中の様子を確認することができる。
3度目	体が通る分だけ開ける。	（互いの準備）ができた状態で、初めて開ける。

襖は、3回に分けて開け閉てすることが基本です。

第3章 美しいことば遣いを身につけましょう (P.42~43)

Q1
（解答例）
①表情 ②察するこころ
③時 ④場所 ⑤状況
⑥敬語
※③～⑤は順不同

会話は、対面する相手や周囲の人との間に行われるため、ひとりよがりに話をすることによって、その場の雰囲気を壊してしまう可能性があります。
　その場に適した話題や内容で話を進め、周りの迷惑につながることや相手が不快に感じることのないよう、声の音量にも注意が必要です。

Q2
①キャッチボール
②受け止める ③こころ
④視線 ⑤タイミング
⑥笑顔

相手の話を聞き、内容をしっかりと受け止めることによって、さらに、豊かな会話が生まれます。

Q3
（解答例）
・ことばに気持ちを込める。
・相手に視線を合わせ、笑顔と明るい声で挨拶を行う。

挨拶のさい、正しい姿勢をつくるだけでは、相手に冷たい印象を与えてしまうことがあります。
　また、挨拶は、待っているのではなく、こちらから率先して行いましょう。

Q4
イ、ウ

ア．無理にお世辞を言うことは、相手に対しても失礼です。
イ．装いなどの外見だけでなく、表情やこころ遣いなど内面

解 答	解 説
	の素晴らしさに気づきましょう。 ウ．伝えると判断した場合は、会話のなかで、自然な表現を用いて伝えましょう。
Q5 （解答例） ①尊敬語　②謙譲語 ③丁寧語　④尊敬語 ⑤御社　⑥貴社　⑦謙譲語 ⑧拝見する ※①～③、⑤～⑥は順不同	敬語の分類には、尊敬語、謙譲語1、謙譲語2（丁重語）、丁寧語、美化語の5分類という考え方もあります。
Q6 イ、エ	ア．「おっしゃるとおりです」「さようでございます」という表現を用います。 イ．「ちょっといいですか」ではなく、「少々よろしいですか」と表現しましょう。 ウ．「とんでもございません」は省略されており、「とんでもないことでございます」が正しい表現です。 エ．「すみません」には「済まない」の意味が含まれるため、適切な表現とはいえません。

第4章　電話・手紙の作法を身につけましょう（P.60～61）

Q1 ア、ウ	ア．社内の人に取り次ぐ場合、相手には丁寧なことば遣いをこころがけましょう。 イ．本人が不在の場合、不在の理由や戻りの予定については知らせますが、行き先や用件などの詳細は伝えないようにします。 ウ．先方が名乗らなかったときは、「おそれいりますが、お名前を伺えますか」などと尋ね、相手を確認します。 エ．声が聞き取りにくい場合は、「お声が小さいのですが」とは言わず、「電波の都合からか、お電話が少々遠いようです」などと伝えます。 オ．電話を終了するときは、かけた側が先に切るのが基本です。ただし、相手が目上の人の場合などは、電話を受けた場合でも、相手が切ってから受話器を置くようにします。

理解度チェックの解答・解説

| | 解　答 | | 解　説 |

Q2
※解説のとおり。

構成	内容
前文	（頭語）と（挨拶文）で構成される。
(主文)	「さて、」などを用いて前文とつなぎ、（用件）に入る。
(末文)	結びの挨拶と（結語）で構成される。
後付け	（日付）、（差出人名）、（宛名）、脇付けで構成される。
副文	（追伸）として、書き残したことや追記したいことを書く。

　頭語と結語は、「拝啓」と「敬具」、「謹啓」と「謹白」、「前略」と「草々」など、それぞれを組み合わせます。
　なお、「追伸」を目上の人や改まった手紙に用いることは控えましょう。

Q3
※解説のとおり。

①出席の場合（解答例）

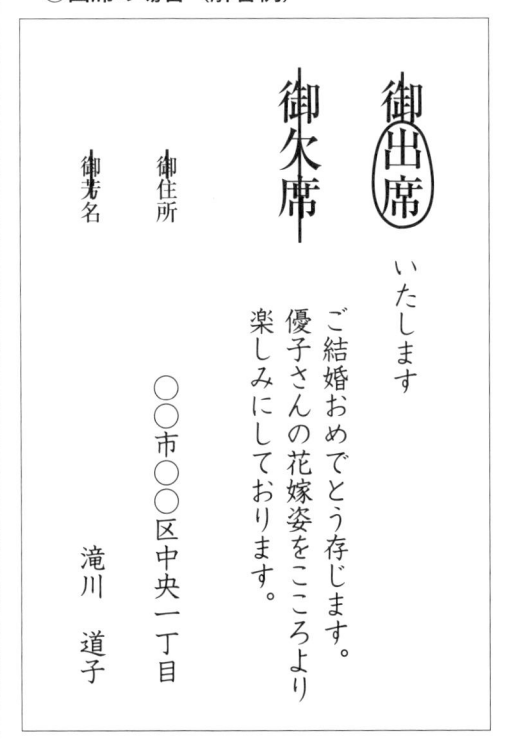

御出席　いたします
御欠席
御住所　〇〇市〇〇区中央一丁目
御芳名　滝川　道子

ご結婚おめでとう存じます。
優子さんの花嫁姿をこころより楽しみにしております。

　「ご」を消すだけでなく、「出席」に続けて「いたします」と書き添えます。さらに、「おめでとう存じます」などのことばを添えます。

解 答	解 説
※解説のとおり。	②欠席の場合（解答例）

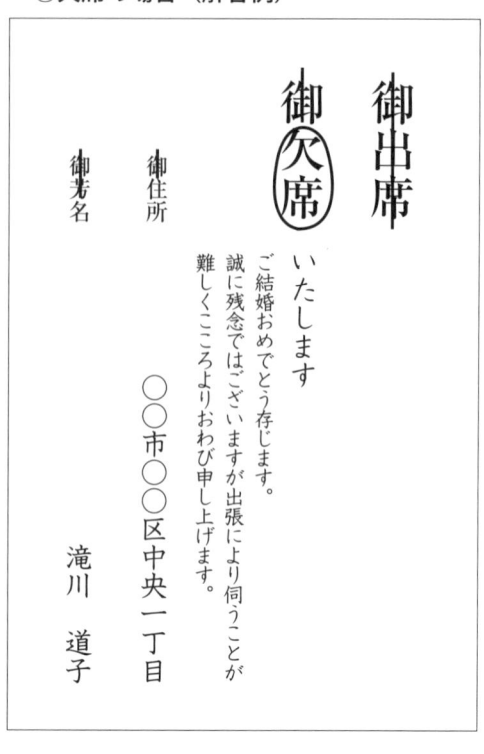

```
御出席
御欠席（○で囲む）
　いたします
御芳名
御住所
　ご結婚おめでとう存じます。
　誠に残念ではございますが出張により伺うことが
　難しくこころよりおわび申し上げます。
　　　　○○市○○区中央一丁目
　　　　　　滝川　道子
```

出席の場合と同様、「ご」を消すだけでなく、「欠席」に続けて「いたします」と書き添えます。「出張により……」などと伺えない理由を簡単に述べ、おわびの気持ちを伝えてもよいでしょう。なお、弔事のため欠席する場合は、「やむを得ない事情により……」などとし、具体的な理由は添えない配慮も大切です。

Q4
①失礼いたしました
②申し訳なく存じます
③１月７日
④元日の早朝　⑤日付

ア．「こころよりおわび申し上げます」なども丁寧な表現です。
イ．年賀状を出していない人から年賀状を頂き、１月７日を過ぎてしまった場合は、「寒中見舞い」として返信しましょう。

第5章　食事の作法を身につけましょう (p.78~79)

Q1
①－イ　②－エ　③－ア
④－ウ

本膳料理、懐石料理、会席料理、精進料理について、基本的な心得を身につけましょう。

理解度チェックの解答・解説

解　答	解　説
Q2 ①3分の2　②人差し指 ③中指　④親指 ⑤人差し指　⑥固定 ※②③は順不同 　④⑤は順不同	正しい箸遣いは、見た目の美しさだけでなく、合理的であり、さらには、食事に対する感謝の気持ちを表現することができます。
Q3 ①大きな荷物　②左側 ③こぶし1つ分　④椅子 ⑤テーブル	レストランにおいて、大きな荷物を持って席に着くことは、スマートではありません。荷物は最小限度にとどめ、必要のないものはクロークに預けます。 　また、日本料理と同様に、西洋料理に関しても、食事中の姿勢には気をつけます。
Q4 イ、エ	ア．ナイフを壁のようにして動かさず、そこへフォークを寄せ、フォークの腹に載せて食べます。 イ．スープはスプーンの中へ多くすくわず、スプーンを傾けて口の中へ入れて飲みます。 ウ．パンは一口大にちぎり、残りのパンをお皿に戻してから、ちぎったほうを食べます。 エ．食事中に手を休めるさいは、ナイフとフォークを皿の中にハの字に置きます。平行にそろえて斜め右（または縦）に置くと、食事が終了した合図になります。 オ．ナイフの刃が外側を向かないようにします。
Q5 （解答例） ①日本酒 ・盃を手に持って受ける。 ・食事中にお酌を受ける場合は、箸や器を置いてから盃を取り上げる。 ②ワイン ・グラスをテーブルの上に置いたままで待つ。 ・同席者がお互いにワインをつぐ場合は、男性が女性につぐ。	①お酌をするさいは、相手が盃を取ってからお酒をつぎます。 ②乾杯のさい、グラス同士をぶつけると繊細なグラスは割れる恐れがありますので避けましょう。

解　答	解　説
Q6 ①一皿　②オードブル ③グラス　④皿 ⑤フォーク ⑥メインテーブル ⑦サイドテーブル ※④⑤は順不同	ア．デザートから取り始めることがないようにします。 イ．海外では、右手は握手ができるようにあけ、グラスも皿と同じ左手に持つことがあります。 ウ．メインテーブルでは食事をせず、料理の前をいつまでも占領しないようにします。

第6章　訪問・招待の心得を学びましょう (P.96～97)

Q1 イ、オ	ア．訪問宅の相手が、約束の時刻までもてなしの準備をしている可能性があるため、<u>約束の時刻前には伺うことのないようにします</u>。 イ．昼食や夕食の時間帯にかからないよう、または、相手に食事の準備をさせてしまわないよう、相手への配慮を忘れてはなりません。 ウ．コートなどの防寒具類は外のほこりが付いていると考え、家の中に持ち込まないよう、呼び鈴を鳴らす前に外して、片手にまとめて身だしなみを整えます。 エ．迎えてくださった相手に背を向けることがないよう、<u>玄関に入ったままの方向で靴を外しますが、その後、ひざまずいて靴の向きを反対に直して</u>そろえ、下座寄りに置きます。 オ．履物の扱いが、人柄の評価までも左右することを忘れないようにしましょう。
Q2 ①訪問先の近辺 ②品物の高価さ ③準備の段階　④4　⑤9 ⑥奇数	ア．自分のために時間を使っておみやげを用意してくれたことが伝わると、受け取る側は嬉しいものです。 イ．「2つで一対」という考え方もあるので、数にこだわりすぎる必要はありません。
Q3 ①床の間　②右側　③奥 ④景色	床の間には、僧家の影響で仏画像を掛け、三具足を飾って礼拝していたという起源説があり、このことからも床の間に近い席が上座と考えられます。

解　答	解　説

Q4
（解答例）
①お茶
・茶碗は片手で持たず、もう片方の手で茶碗の底を支えて安定させる。
・玉露や煎茶などの繊細な味わいのものは、香りや味を損なわないために、まず一〜二口飲むなどする。

②お菓子
・丸ごと取り上げることは避ける。
・歯型が残らないように注意し、一口大に切ってから食べる。

　お茶とお菓子は、どちらを先にいただいてもかまいません。ただし、繊細な味わいのお茶は、その香りや味を損なわないようにこころがけましょう。

Q5
①中央　②下座側
③膝　④斜め前
⑤背を向ける
⑥顔を向ける
⑦エレベーター
⑧エントランス

ア．呼び鈴が鳴ったら、すぐに玄関へ迎えに出て、進んでお客様のコートやそのほかの荷物を預かります。
イ．部屋では、お客様に上座に座っていただくよう、こちらから席を勧めましょう。
ウ．玄関先で見送る場合は、お客様が出てしばらくしてから鍵をかけるゆとりをもちましょう。

第7章　冠婚葬祭について学びましょう (p.112~113)

Q1
①戌　②帯祝い　③お七夜
④11　⑤15　⑥加冠の儀
⑦寿賀　⑧賀寿
※⑦⑧は順不同

ア．多産であり、お産が軽いといわれている犬にあやかった行事です。
イ．地方によっては、3日目や5日目とするところもあります。
ウ．昔は、3歳、5歳、7歳に、それぞれの儀式がありました。
エ．加冠の儀は、武家の男子が、成人の表示として髪型を変え、服を改め、冠をかぶる行事でした。
オ．長寿の祝いは、数え年で祝うのが一般的であり、いくつかの行事があります。

解　答	解　説
Q2 （子ね）→（丑うし）→ （寅とら）→（卯う）→ （辰たつ）→（巳み）→ （午うま）→（羊ひつじ）→ （申さる）→（酉とり）→ （戌いぬ）→（亥い）	十干十二支（じゅっかんじゅうにし）が60年で一巡するため、数え61歳に還暦（かんれき）の祝いを行います。
Q3 ア、オ	ア．招かれた自分の立場をわきまえた装いをこころがけましょう。 イ．手荷物を<u>クローク</u>に預け、身だしなみを整えて受付に向かいます。 ウ．受付の人に挨拶（あいさつ）をしてから、金子（きんす）包みを渡すなどして、新郎新婦に挨拶をします。 エ．<u>なるべくこちらから挨拶をし</u>、自己紹介をします。 オ．会話の話題なども場をわきまえ、周囲の人へ不快感を与えないように注意しましょう。
Q4 （解答例） ・表書きは、「寿ことぶき」「御結婚祝」などとする。 ・自分の名前をフルネームで書く。 ・新札を包む。 ・金子包みが汚れないように、袱紗（ふくさ）に包んでから持参する。	金子包みを上着の内ポケットやハンドバッグにじかに入れないようにしましょう。
Q5 ①一礼　②合掌礼（がっしょう）　③抹香 ④目　⑤合掌礼　⑥一礼	焼香、線香など、基本的な作法は身につけておきましょう。
Q6 ①前夜　②故人と親しい間柄にあった人　③告別式 ④忌みことば　⑤言霊（ことだま）	ア．一般の弔問客（ちょうもん）でも、やむを得ず告別式に出られない場合は、通夜に出席することがあります。 イ．特に、改まった席では、意識しなくても忌みことばを口にすることがないように、普段からこころがけましょう。

第8章 年中行事について学びましょう (P.122～123)

Q1
① 29　② 一夜飾り　③ 27
④ 28　⑤ 松の内
※③④は順不同

正月の飾り付けとして、松飾り（門松）、しめ飾り、床飾りなどがあります。

Q2
① 立春　② 立夏　③ 立秋
④ 立冬　⑤ 立春　⑥ 2
⑦ 3
※①～④は順不同

平安時代の「追儺（ついな）」の儀式から、豆まきの風習が生まれたといわれています。

Q3
※解説のとおり。

日付	呼名
1月（7）日	人日（じんじつ）の節供（せっく）
3月3日	（上巳（じょうし））の節供
5月5日	（端午（たんご））の節供
7月7日	七夕
9月9日	（重陽（ちょうよう））の節供

五節供は　諸悪鬼をはらい、五穀豊穣（ごこくほうじょう）と健康長寿を祈っていたものが、しだいに祝いの日として認識されるようになったものです。

Q4
（解答例）
　盆の期間は、7月13日から16日まで、あるいは、地方によって異なる。13日の朝は、盆棚を作り、野菜や果物、水、団子（だんご）、胡瓜（きゅうり）で作った馬、茄子（なす）で作った牛を供え、迎え火として、おがらをたいたり、盆提灯（ちょうちん）を軒先につるし、祖霊を迎える。16日に、送り火をたいて祖霊を送り出す。

　時季は、旧暦・新暦のいずれで行うかで異なります。あるいは、13日ではなく、1日または7日または23日から始まるなど、地方により異なります。

解 答	解 説

Q5
①春分 ②秋分 ③3
④7 ⑤牡丹餅 ⑥御萩
※①②は順不同

彼岸には、祖先の霊を供養し、墓参りをする習慣があります。

Q6
（解答例）
　12月22日ごろの、1年のうち、もっとも昼の日照時間が短く、夜が長い日を冬至という。だんだんと寒さが増す時季で、健康を保って冬を過ごせるようにと、ビタミンやカロチンが多く含まれている南瓜を食べて野菜不足を補ったり、柚子湯に入る風習などがある。

　柚子の香りは邪気をはらうと考えられてきました。また、湯に入れると香りがよく、気分がリラックスし体が温まることから、冬至に柚子湯に入ると無病息災で過ごすことができるという風習が生まれました。

第9章　基本的な見舞い・贈答の心得を学びましょう（P.132〜133）

Q1
イ、ウ、エ

ア．病気やけがの症状を確認したうえで見舞いに伺うことが基本です。
イ．入院直後に1日でも早く見舞いに伺いたいと思う場合、あるいは、対面を控えたほうがよいと思う場合には、家族や付添いの人に見舞い品を託しましょう。
ウ．香りの強い花は避け、花粉の落ちる花は店であらかじめ処理をしてもらい、できるかぎり手入れの負担がない状態で差し上げます。
エ．シクラメンも「死苦」を連想させるため、見舞いには避けたほうがよいといわれています。
オ．相手を疲れさせたり、同室の患者の人に迷惑をかけないため、面会時間は短めにします。

Q2
ア、エ、オ

ア．すぐに役立つ食料品、衣類、日用品、薬品などを持参します。

理解度チェックの解答・解説

解　答	解　説
	イ．何かと物入りの状況が考えられるため、<u>現金を贈ることもあります</u>。 ウ．災害見舞いの<u>お返しは必要ありません</u>が、落ち着いたらお礼状を出します。 エ．陣中見舞いは、基本的に食べ物が多いですが、すぐに食べられるものにしましょう。 オ．受付で贈り物を預け、後で渡していただくようにお願いすることも大切な気遣いです。
Q3 ①食事の制限　②食べ物 ③相手の好み　④本 ⑤ＣＤ　⑥お礼状 ⑦快気内祝い　⑧衣類 ⑨日用品　⑩薬品 ※④⑤は順不同 ※⑥⑦は順不同 ※⑧〜⑩は順不同	火災見舞いでは、すぐに役立つもののほか、現金を送ってもよいでしょう。
Q4 ウ	ア．お中元は<u>7月初旬〜15日まで</u>に贈ります。なお、旧盆の習慣がある地域では、8月初旬〜中旬に行う場合もあります。 イ．武士の間での贈答品は、太刀や馬など<u>武具</u>が中心でした。 ウ．日ごろの感謝の気持ちを品物に託して贈りましょう。

第10章　服装の心得を学びましょう（P.144〜145）

解　答	解　説
Q1 ①責任　②個人 ③勤め先全体　④健康状態 ⑤食生活　⑥睡眠	仕事をして給与を得ている人は、そこに勤めている責任があることを忘れてはなりません。身だしなみを整えることは、勤める側の責任の1つと心得ることが大切です。
Q2 イ、エ、カ	ア．略礼装では、<u>長襦袢は色無地、半襟も色物を用い、足袋・羽織紐は白</u>を基本とします。 イ．正礼装では馬乗袴、準礼装では馬乗袴・行灯袴・仕舞袴、略礼装では行灯袴を用います。

解　答	解　説
	ウ．未婚者は振袖、既婚者は留袖を用います。 エ．準礼装では、三つ紋付きまたは一つ紋付きの訪問着を用います。 オ．正喪服・準喪服ともに、帯は錦の角帯以外、長襦袢は色無地、半襟は黒またはグレーなど、慶事と異なる点が多いので注意します。 カ．帯揚げ、帯締め・草履、ハンドバッグなどもすべて黒を用います。

Q3

①―オ　②―エ　③―ウ
④―イ　⑤―ア

洋装にも、正礼装から略礼装までの3段階があります。なお、略礼装は制約が少ないですが、品格を損なわないように注意しましょう。

Q4

（解答例）

①男性の一般会葬者
ブラックスーツを着用する。シャツは白、ネクタイは黒無地、ソックスは黒、靴は黒で紐結びのものが好ましい。用いるものに金具が使用されている場合は、シルバーのものを選び、光る金具のものは身に付けないようにする。

②女性の一般会葬者
黒の膝丈からふくらはぎ丈のワンピースまたはアンサンブルを着用する。手袋、ストッキング、靴、ハンドバッグなど、すべて黒を用いる。靴とハンドバッグは、光沢のない布製または革製を用いる。アクセサリーを付ける場合は、一連の真珠のネックレスが一般的である。

①男性の正喪服はモーニングコートです。スラックスはダークな縞柄に白のシャツ、白襟を外した黒のベスト、黒無地のネクタイ、黒のソックス、黒の紐結びの靴を用います。

②女性の正喪服は、黒のワンピース、黒のツーピースまたは黒のアンサンブルなどを着用します。襟の詰まった長袖（夏でも七分丈程度）で、膝丈からくるぶし丈のものを用います。手袋、ストッキング、靴、ハンドバッグなども、すべて黒のものを用います。靴とハンドバッグは、光沢のない布製または革製を選びましょう。

解　答	解　説

Q5

ア、イ、エ

ア．昼のパーティーでは、アクセサリーは半透明のものを基本に用います。
イ．昼はさわやかな香り、夜は華やかな香り（パルファン、オードパルファン、オードトワレ、オーデコロンなど）というように、ＴＰＯに応じて使用します。
ウ．昼の略礼装も、<u>フォーマルな感じを失わないように</u>こころがけましょう。
エ．デザインに制約がないため、カジュアルな雰囲気にならないように注意します。
オ．カジュアルな服装は適さないため、<u>略礼装程度の服装を</u>こころがけましょう。